BEI GRIN MACHT SICH IHR WISSEN BEZAHLT

- Wir veröffentlichen Ihre Hausarbeit, Bachelor- und Masterarbeit

- Ihr eigenes eBook und Buch - weltweit in allen wichtigen Shops

- Verdienen Sie an jedem Verkauf

Jetzt bei www.GRIN.com hochladen und kostenlos publizieren

Bibliografische Information der Deutschen Nationalbibliothek:

Die Deutsche Bibliothek verzeichnet diese Publikation in der Deutschen National-
bibliografie; detaillierte bibliografische Daten sind im Internet über http://dnb.d-
nb.de/ abrufbar.

Impressum:

Copyright © 2008 GRIN Verlag, Open Publishing GmbH
Druck und Bindung: Books on Demand GmbH, Norderstedt Germany
ISBN: 9783640638987

Dieses Buch bei GRIN:

http://www.grin.com/de/e-book/151750/skalierbarkeit-von-routingprotokollen-in-
mobilen-ad-hoc-netzen

Adrian Heißler

Skalierbarkeit von Routingprotokollen in mobilen Ad-Hoc-Netzen

GRIN Verlag

GRIN - Your knowledge has value

Der GRIN Verlag publiziert seit 1998 wissenschaftliche Arbeiten von Studenten, Hochschullehrern und anderen Akademikern als eBook und gedrucktes Buch. Die Verlagswebsite www.grin.com ist die ideale Plattform zur Veröffentlichung von Hausarbeiten, Abschlussarbeiten, wissenschaftlichen Aufsätzen, Dissertationen und Fachbüchern.

Besuchen Sie uns im Internet:

http://www.grin.com/

http://www.facebook.com/grincom

http://www.twitter.com/grin_com

Bachelorarbeit

zur Erlangung des akademischen Grades

„Bachelor of Science in Engineering"

Skalierbarkeit von Routingprotokollen in mobilen Ad-Hoc-Netzen

ausgeführt von

Adrian Heißler

Wien, im Juni 2008

Ausgeführt an der Fachhochschule Technikum Wien

Studiengang: BIC

FACHHOCHSCHULE
TECHNIKUM WIEN

Kurzfassung und Abstract

Kurzfassung

Ein mobiles Ad-Hoc-Netzwerk (MANET) besteht aus mobilen Knoten, die über Funk miteinander kommunizieren und dafür keine Infrastruktur benötigen. Wachsende Knotenanzahl, erhöhte Verkehrslast und steigende Knotenmobilität bedeuten für Routingprotokolle in MANETs eine Herausforderung in Hinblick auf ihre Skalierbarkeit.

In dieser Arbeit soll ein Überblick über verschiedene Routingansätze wie flaches Routing, hierarchisches Routing und geographisches Routing gegeben werden. Dabei werden ausgewählte MANET-Routingprotokolle (AODV, OLSR, CBRP, FSR, ZRP, GPSR) als Vertreter der jeweiligen Ansätze näher beschrieben.

Die ausgewählten MANET-Routingprotokolle wurden im Netzwerksimulator NS-2 einem Leistungsvergleich im Hinblick auf ihre Skalierbarkeit in unterschiedlich großen MANETs (bis zu 200 Knoten) mit variierenden Parametern, wie Verkehrslast oder Pausenzeiten, unterzogen. Dabei wurden die Metriken Zustellrate, Verzögerung und Pfadoptimalität sowie Durchsatz herangezogen. Die daraus gewonnenen Ergebnisse werden präsentiert und bewertet. Es wird gezeigt, dass die getesteten Protokolle in großen Netzen mit hoher Knotenzahl, vor allem bezüglich der Metriken Zustellrate und Durchsatz, deutlich schwächere Leistungen erbringen als in kleineren Netzen mit weniger Knoten.

Abstract

Mobile ad hoc networks (MANETs) are networks of wireless mobile nodes without fixed infrastructure. Due to the highly dynamic topology there are special demands for routing protocols. Many routing protocols for MANETs have been proposed.

This paper deals with both a classification of MANET routing protocols and a review of the protocols AODV, OLSR, CBRP, FSR, ZRP and GPSR. Some results are presented, derived from the extended simulations that have been performed with the NS-2 network simulator, in order to compare the efficiency of the above protocols with respect to Paket Delivery Ratio, Average End-to-End Delay, Path Optimality and Throughput. Simulation results show that in terms of Paket Delivery Ratio and Throughput most protocols perform worse in larger networks with many nodes than in smaller ones with less nodes.

Keywords: ad hoc networks, wireless networks, ad hoc network routing protocols

Inhaltsverzeichnis

1 Problem- und Aufgabenstellung

Ein mobiles Ad-Hoc-Netzwerk (MANET) ist eine Menge von mobilen Knoten, die über Funk miteinander kommunizieren und ein temporäres Netzwerk ohne bestehende Infrastruktur und ohne zentrale Administration bilden. Da die Übertragungsreichweite der einzelnen Knoten begrenzt ist, müssen zwei Knoten, die miteinander Daten austauschen wollen, dies meist mit Hilfe von zwischen ihnen liegenden Knoten bewerkstelligen. Die Kommunikation in einem MANET wird darüber hinaus durch die hohe Dynamik seiner Mitglieder erschwert. Diese Netze müssen daher flexibel auf Topologieänderungen reagieren können.

Aufgrund ihrer hohen Dynamik stellt das Routen von Paketen die größte Herausforderung in MANETs dar. Im Laufe der letzten Jahre wurde eine Vielzahl von Routingprotokollen vorgestellt, die das Routingproblem in MANETS auf unterschiedliche Weise zu lösen versuchen. Im Rahmen dieser Arbeit wird untersucht, wie sich verschiedene MANET-Routingprotokolle im Hinblick auf ihre Leistung in Netzwerkszenarien von unterschiedlicher Dimension, Teilnehmerzahl, Knotenmobilität sowie Netzwerklast bewähren.

2 Einleitung

Drahtlose Netze sind seit den Anfängen ihrer Entwicklung in den 1970er Jahren ein intensiv beforschtes Gebiet und haben eine kontinuierliche Entwicklung erfahren. Besonders seit dem letzten Jahrzehnt des 20. Jahrhunderts hat das Interesse an ihnen, bedingt durch die zunehmende Popularität von mobilen Geräten wie etwa Laptops, stark zugenommen.

Mobile drahtlose Netze lassen sich zurzeit in zwei Kategorien einteilen. Die erste Variante wird als Infrastruktur-Netzwerk bezeichnet, da bei Netzen dieser Art eine zentrale Infrastruktur zur Verwaltung der einzelnen Netzknoten existiert. Die zweite Variante sind infrastrukturlose Netze, besser bekannt unter der Bezeichnung mobiles Ad-Hoc-Netzwerk (MANET).

Ein mobiles Ad-Hoc-Netzwerk bezeichnet also ein drahtloses Netz, das ohne Infrastruktur auskommt und jederzeit überall gebildet werden kann. Da die Sendeleistung der einzelnen Knoten beschränkt ist, erfolgt die Kommunikation in einem solchen Netz meist über temporäre Multihop-Relays, wobei einige Knoten in Selbstorganisation als Router agieren.

Aufgrund der erwähnten Eigenschaften von MANETs sind diese Netze neben ihrem ursprünglichen Einsatzgebiet – militärischen Operationen – beispielsweise für den Aufbau von Sensornetzen („Smart Dust") oder mobilen Fahrzeugnetzen (sog. VANETs) gut geeignet.

Das erwähnte Multihop-Routing, die willkürlichen Knotenbewegungen sowie andere MANET-Eigenschaften, wie z. B. begrenzte Energieressourcen oder die eingeschränkte Signalreichweite der mobilen Knoten, stellen jedoch auch eine große Herausforderung an das Routing in solchen Netzen dar. Daher stellt sich die Frage, wie die Routenfindung und -pflege unter solch schwierigen Umständen möglichst effizient gelöst werden kann.

Um das Multihop-Routingproblem in MANETs lösen zu können, ist eine Vielzahl unterschiedlicher Protokolle entwickelt worden. Einige davon verfolgen einen sog. flachen Ansatz, in dem es keine ausgezeichneten Knoten gibt, andere versuchen durch Einführung von Hierarchien die Effizienz, besonders in großen Netzen, zu steigern. Eine weitere Gruppe von Protokollen macht sich etwa die Vorteile der satellitengestützten Navigation (z. B. GPS) zunutze, um die Probleme der zuvor angeführten topologiebasierten Verfahren zu umgehen. Diese Protokolle werden unter dem Begriff geographische Routingprotokolle subsumiert.

In dieser Arbeit werden ausgewählte Routingprotokolle aus den oben genannten Klassen beschrieben. Es sind dies als Vertreter der flachen Routingansätze OLSR, AODV, ZRP sowie das implizit hierarchische FSR. Als ein Protokoll, das einen hierarchischen Ansatz umsetzt, wird die Funktionsweise von CBRP näher erläutert. Das schlussendlich beschriebene GPSR gehört zur Familie der geographischen, positionsbasierten Protokolle.

Diese Routingprotokolle werden im Rahmen der vorliegenden Arbeit mittels NS-2-Simulator in Bezug auf ihre Leistungsfähigkeit getestet. Besonderes Augenmerk wird dabei auf die Skalierbarkeit der Protokolle im Hinblick auf variierende Parameter gelegt. So werden die Protokolle in drei unterschiedlich groß dimensionierten Gebieten, mit unterschiedlicher Knotenanzahl und -mobilität sowie unterschiedlichen Verkehrslasten getestet.

Die weitere Arbeit ist wie folgt aufgebaut:

In Kapitel 3 werden zunächst Eigenschaften und typische Anwendungsgebiete von MA-NETs beschrieben. Danach wird genauer auf die Routingproblematik in MANETs eingegangen und die speziellen Anforderungen an Routingprotokolle für mobile Ad-Hoc-Netzwerke dargelegt. Das Kapitel schließt mit einer umfassenden Klassifikation von MANET-Routingprotokollen.

In Kapitel 4 werden jene Routingprotokolle vorgestellt und näher beschrieben, die im Rahmen dieser Arbeit einem Leisungsvergleich unterzogen werden: Als Vertreter der flachen Routingprotokolle werden das proaktive OLSR-Protokoll, das reaktive AODV-Protokoll, das hybride ZRP-Framework sowie das implizit hierarchische FSR-Verfahren, als Vertreter des hierarchischen Ansatzes wird CBRP und als ein positionsbasiertes Routingprotokoll GPSR vorgestellt.

In Kapitel 5 wird die Methodik, die dem praktischen Teil der Arbeit zugrunde liegt, erläutert. Zunächst wird ein grober Überblick über die Funktionalität des Netzwerk-Simulators NS-2 gegeben. Danach wird detailliert auf das Szenario der durchgeführten Simulation eingegangen und die verwendeten Metriken werden erläutert. Das Kapitel schließt mit einer kurzen Beschreibung der konkreten Simulationsimplementierung.

In Kapitel 6 werden die Ergebnisse der Simulation präsentiert.

Kapitel 7 schließt die Arbeit mit einer Zusammenfassung der vorgestellten Erkenntnisse ab.

3 Grundlagen

In diesem Kapitel werden die Grundlagen für die nachstehenden Kapitel kurz dargelegt. Zunächst werden Eigenschaften und Anwendungsgebiete von MANETs erläutert. Es folgt eine Beschreibung der speziellen Anforderungen, die ein MANET an Routingprotokolle stellt. Den Abschluss dieses Kapitels bildet eine umfassende Klassifizierung der für mobile Ad-Hoc-Netzwerke üblichen Routingprotokolle.

3.1 Eigenschaften und Anwendungsgebiete von mobilen Ad-Hoc-Netzwerken

Ein mobiles Ad-Hoc-Netzwerk (MANET) besteht aus mobilen Geräten (Knoten), die sich beliebig bewegen können. Jeder dieser Knoten besteht logisch gesehen aus einem Router, der mehrere Hosts und auch mehrere drahtlose Kommunikationsgeräte besitzen kann. Ein MANET ist ein autonomes System (AS) von mobilen Knoten. Ein solches Netzwerk besitzt keine feste Infrastruktur und muss sich selbst organisieren. Ein MANET kann isoliert operieren oder über Gateway-Router mit anderen Routern verbunden sein (Corson & Macker 1999, S. 3).

MANETs haben nach Corson & Macker (1999, S. 3f) folgende besondere Eigenschaften:

Dynamische Topologie: Da sich Knoten frei bewegen können, kann sich die Netzwerktopologie zufällig und schnell zu unvorhersehbaren Zeiten ändern. Verbindungen zwischen Knoten können uni- oder bidirektional sein. Das Routing hat typischerweise Multihop-Charakter.

Bandbreitenbeschränkung, variable Verbindungskapazitäten: Drahtlose Verbindungen haben eine wesentlich niedrigere Kapazität als drahtgebundene Verbindungen, außerdem ist der tatsächliche Durchsatz von drahtlosen Verbindungen zumeist niedriger als der maximal mögliche Wert einer Radiowellen-Übertragung. Dies wird durch verschiedene Faktoren wie mehrfacher Zugriff auf das Medium, Hintergrundrauschen, Multihopping, die exponentielle Abschwächung des Signals sowie Interferenzen nahe gelegener drahtloser Verbindungen hervorgerufen.

Energieabhängiger Betrieb: In einem MANET haben viele oder auch alle Knoten nur eine beschränkte Energiemenge zur Verfügung, insofern ist die Optimierung des Energieverbrauchs dieser Knoten das wichtigste Designkriterium.

Eingeschränkte physische Sicherheit: Drahtlose Netzwerke sind generell anfälliger gegenüber physikalischen Sicherheitsbedrohungen als drahtgebundene Netze. So besteht eine erhöhte Wahrscheinlichkeit, dass Pakete verworfen oder gefälscht werden, und auch „Denial of Service"-Attacken sind einfach durchzuführen. Oft werden Punkt-zu-Punkt-Sicherheitsverfahren verwendet, um die Sicherheitsbedrohung zu reduzieren. Als Vorteil eines MANETs kann jedoch der dezentralisierte Charakter gewertet werden. Das Netzwerk wird dadurch robuster gegen einzelne Knotenausfälle als bei zentralisierten Ansätzen.

Die wichtigsten Anwendungsgebiete von MANETs sind Bereiche, in denen keine entsprechende Infrastruktur vorhanden ist und Netzwerke unterschiedlicher Größe schnell und dynamisch konfiguriert werden müssen. MANETs können nach Perkins (2001, S. 8–14) u. a. bei Einsätzen in Katastrophengebieten, im Bereich des „Ubiquitous Computing", bei sog. Personal Area Networks (PAN), Sensornetzwerken oder in der Fahrzeugkommunikation (Vehicular Ad-hoc-Network, VANET) Anwendung finden.

3.2 Anforderungen an MANET-Routingprotokolle

Um die Leistung eines MANET-Routingprotokolls bewerten zu können, werden eine Reihe von qualitativen und quantitativen Metriken herangezogen. Diese Metriken müssen unabhängig von dem verwendeten Routingprotokoll sein. Corson & Macker (1999, S. 6) nennen folgende wünschenswerte qualitative Eigenschaften eines MANET-Routingprotokolls:

Verteilte Verfahren: Aufgrund der hohen Dynamik in MANETs sind Verfahren mit zentraler Steuerung für diese Netze ungeeignet.

Schleifenfreiheit: Dies ist prinzipiell eine wünschenswerte Eigenschaft, um Probleme, wie z. B. Pakete, die eine willkürliche Zeit im Netz „herumwandern", zu vermeiden.

Sicherheit: Die Sicherheit spielt in mobilen Ad-hoc-Netzwerken, allein schon aufgrund der Kommunikation per Funk eine wichtige Rolle. Die Funkkommunikation kann wesentlich einfacher abgehört, manipuliert oder umgeleitet werden als die Kommunikation in Festnetzen. Daher sind ausreichende Sicherungsmaßnahmen erforderlich, um Störung oder Modifikation des Protokollbetriebs zu verhindern.

Schlafperioden: Da Knoten in MANETs oft beschränkte Energieressourcen haben, können Knoten, um Energie zu sparen, den Versand oder Empfang von Paketen für eine Dauer einstellen. Ein MANET-Routingprotokoll muss solche Schlafperioden berücksichtigen können, ohne dass daraus allzu große Nachteile entstehen.

Unidirektionale Verbindungen: Mobile Knoten in MANETs verfügen über unterschiedliche Sende- und Empfangseinheiten. Daher sind asymmetrische Verbindungen möglich, d. h., der Transport von Paketen muss auf unterschiedlichen Hin- und Rückwegen abgewickelt werden können.

Außerdem gibt es eine Reihe quantitativer Metriken eines Routingprotokolls, wie Ende-zu-Ende-Datendurchsatz und -verzögerung, Routenfindungszeit oder Effizienz (Corson & Macker 1999, S. 8).

3.3 Klassifizierung von MANET-Routingprotokollen

Es können verschiedene Kriterien zur Klassifizierung von Routingprotokollen in mobilen Ad-Hoc-Netzwerken herangezogen werden, wie z. B. welche Routinginformationen ausgetauscht werden, wann und wie diese Routinginformationen ausgetauscht oder wann und wie diese Routen berechnet werden.

Distanzvektor-Routing (DVR) – Link-State-Routing (LSR)

Beim DVR werden jene Daten der Netzwerktopologie aus den Routingtabellen entnommen, die ein Knoten in regelmäßigen Abständen von seinen unmittelbaren Nachbarn als Kopien erhält. Das Verfahren beruht auf dem Bellman-Ford-Algorithmus, wobei die Knoten den besten Pfad ermitteln, indem sie die Metriken (z. B. Distanz oder Verzögerung) addieren, die sie als Routinginformation von ihren Nachbarn erhalten. Da die Topologieinformationen von Knoten zu Knoten weitergegeben werden, sind die Konvergenzzeiten relativ lang (vgl. Tanenbaum 2003, S. 357–358).

Beim LSR hingegen ist allen Knoten die vollständige Netzwerktopologie bekannt, da sie in regelmäßigen Abständen Informationen über ihre Verbindungszustände im Netzwerk fluten. Dadurch können sie getrennt voneinander den jeweils kürzesten Pfad zum Ziel mittels SPF-Algorithmus (SPF) von Dijkstra berechnen. Beim LSR werden Aktualisierungen direkt durch Änderungen in der Netzwerktopologie ausgelöst. Die weitergegebenen Topologieinformationsnachrichten (Link State Packets, LSPs) sind relativ klein, dadurch sind die Konvergenzzeiten bei Topologieänderungen vergleichsweise kurz (vgl. Tanenbaum 2003, S. 361–365).

Proaktives Routing – Reaktives Routing

Beim proaktiven Routing-Verfahren (auch tabellenbasiertes Routing genannt) werden die Routen zu allen Zielen im Vorhinein berechnet. Dazu benötigt jeder Knoten teilweise oder komplette Information über die Verbindungszustände und Netzwerktopologie. Um diese Informationen auf dem Laufenden zu halten, müssen Knoten sie in regelmäßigen Abständen, bei Änderung von Verbindungszuständen oder der Netzwerktopologie aktualisieren. Der Vorteil dieses Verfahrens ist, dass Routen von der Quelle zum Ziel jederzeit verfügbar sind, nachteilig ist der relativ hohe Verbrauch von Netzwerk-Bandbreite aufgrund der Übertragung von Kontrollnachrichten (Royer & Toh 1999, S. 46).

Beim reaktiven Routing (auch nachfragebasiertes Routing genannt) werden Routen nur dann berechnet, wenn sie nicht bekannt sind, aber benötigt werden. Aufgrund dieser Routenbestimmung ergibt sich eine Latenzzeit am Beginn der Übertragung eines Nutzdatenpaketes. Der Vorteil des reaktiven Ansatzes besteht darin, dass Kontrollnachrichten nur relativ wenig Bandbreite benötigen (Royer & Toh 1999, S. 48).

Topologiebasiertes Routing – Geographisches Routing

Bei Hong, Xu & Gerla (2002, S. 12) werden MANET-Routingprotokolle aufgrund der den Protokollen zugrunde liegenden Netzwerkstruktur beschrieben. Es werden drei Kategorien von MANET-Routingprotokollen unterschieden: Flaches Routing, das wiederum in proaktive, reaktive bzw. hybride Verfahren unterteilt werden kann, hierarchisches Routing sowie geographisches Routing. Die flachen und hierarchischen Routingprotokolle werden unter dem Begriff topologiebasiertes Routing subsumiert, da ihnen logische Informationen über die Nachbarschaftsbeziehungen der Knoten (Singlehop oder Multihop) genügen (Das, Pucha & Hu 2005, S. 1). Abbildung 1 stellt diese Zusammenhänge graphisch dar.

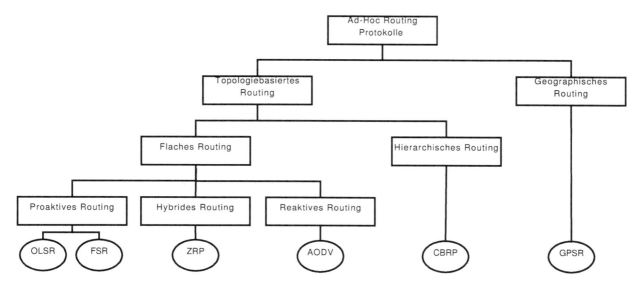

Abb. 1: Klassifikation von Ad-Hoc-Routingprotokollen.

Flaches Routing: Bei den flachen Routingverfahren haben alle Knoten dieselbe Routingfunktionalität und befinden sich in ein und derselben Hierarchie. In dieser Arbeit betrachtete Beispiele für Protokolle dieser Kategorie sind das „Optimized Link State Routing"-Protokoll (OLSR), das „Ad Hoc On-Demand Distance-Vector"-Protokoll (AODV), das „Zone Routing Protocol" (ZRP) sowie das „Fisheye State Routing"-Protokoll (FSR).

Hierarchisches Routing: Im Gegensatz zu den flachen Routingverfahren wird bei den hierarchischen Routingverfahren das Netz dynamisch in verschiedene Regionen unterteilt, die ihrerseits wieder „beliebig oft" in größere Regionen zusammengefasst werden können. Innerhalb einer Region übernehmen bestimmte Knoten unterschiedliche Rollen. Da die Dynamik der Netzwerktopologie und die Verwaltung der Mitgliedschaften auf die jeweilige Region begrenzt sind, werden zwischen den Regionen nur wenige benötigte Informationen ausgetauscht, was eine Reduktion des Kontrollverkehrs zur Folge hat. Als Vertreter dieses Routingansatzes wird im Rahmen der vorliegenden Arbeit das „Cluster Based Routing Protocol" (CBRP) näher betrachtet.

Geographisches Routing: Geographische Routingprotokolle nutzen das Vorhandensein von Ortsinformationen über die Knoten im Netzwerk, wie sie z.B. von Positionierungssystemen wie dem Global Positioning System (GPS) zur Verfügung gestellt werden, aus. Um Pakete zum Ziel routen zu können, muß der Quellknoten die Position des Zielknotens ermitteln können. Daher spielen bei geographischen Routingverfahren sog. „Location Services", mit denen der Aufenthaltsort eines mobilen Knotens zurückverfolgt werden kann und Anfragen über dessen Position beantwortet werden können, eine zentrale Rolle. Das in Kapitel 4.6 beschriebene „Greedy Perimeter Stateless Routing"-Protokoll (GPSR) kann beispielsweise mit dem „Hierarchical Location Service" (HLS) betrieben werden.

4 Ausgewählte Routingprotokolle für Mobile Ad-hoc-Netzwerke

In diesem Kapitel werden sämtliche Routingprotokolle, die im Rahmen dieser Arbeit einem Leistungsvergleich unterzogen werden, näher beschrieben. Zunächst werden Protokolle, die der Kategorie der flachen Routingprotokolle zuzurechnen sind, erläutert – OLSR, AODV, ZRP sowie das implizit hierarchische FSR. Als reiner Vertreter der hierarchischen MANET-Routingprotokolle wird anschließend die Funktionsweise von CBRP dargelegt. Den Abschluss des Kapitels bildet die Vorstellung des geographischen Routingprotokolls GPSR.

4.1 Optimized Link State Routing (OLSR)

OLSR ist ein proaktives LSR-Protokoll, das für MANETs optimiert worden ist. OLSR ist als experimentelles RFC (Clausen & Jacquet 2003) von der IETF spezifiziert worden. Im Gegensatz zum klassischen LSR, bei dem Verbindungsinformationen im gesamten Netzwerk geflutet werden (vgl. Kapitel 3.3), versucht OLSR Bandbreite zu sparen, indem das Fluten nur über ausgewählte Knoten durchgeführt wird. Diese Technik nennt sich „Multi Point Relay (MPR) Flooding".

Das OLSR-Protokoll enthält drei wesentliche konzeptuelle Elemente: einen Mechanismus zur Nachbarschaftserkundung („Neighbor Detection"), einen Mechanismus, um Kontrollnachrichten effizient an Knoten im Netzwerk zu verteilen („MPR Flooding"), und einen Mechanismus, um ausreichend Topologieinformationen zur Bereitstellung optimaler Pfade zu gewinnen und diese im Netzwerk zu verteilen („Topology Discovery").

Neighbor Detection

Dieses Verfahren (Clausen & Jacquet 2003, S. 33–38) wird von Knoten angewendet, um Änderungen in der Nachbarschaft zu erkennen, um zu überprüfen, ob Verbindungen zu benachbarten Knoten bidirektional sind, und um Topologieinformationen über die sog. 2-Hop-Nachbarschaft zu gewinnen. Dies wird durch periodisches Versenden von HELLO-Nachrichten ermöglicht, die eine Liste der Verbindungen zu den Knotennachbarn sowie den jeweiligen Status enthalten (der Status der Verbindung wird mittels „Link Sensing" ermittelt und kann symmetrisch oder asymmetrisch sein).

MPR Flooding

Das MPR-Fluten basiert auf folgendem Prinzip (vgl. Clausen & Jacquet 2003, S. 38–42): Jeder Knoten A muss eine Menge (das sog. „MPR Set") aus seinen symmetrischen Nachbarn auswählen, sodass Nachrichten, die über das MPR-Set weitergeleitet werden, von allen symmetrischen 2-Hop-Nachbarn erhalten werden. Im Gegenzug verwalten alle Knoten eine Liste der Menge von Nachbarn, die Knoten A als MPR gewählt haben („MPR Selector Set"). Ein Knoten, der als MPR ausgewählt wurde, hat die Aufgabe, Nachrichten, die von seinen MPR-Selectors geflutet wurden, weiterzuleiten. Abbildung 2 zeigt, wie das Fluten über MPRs das mehrfache Übertragen von Nachrichten im Vergleich zum klassischen Fluten signifikant reduziert.

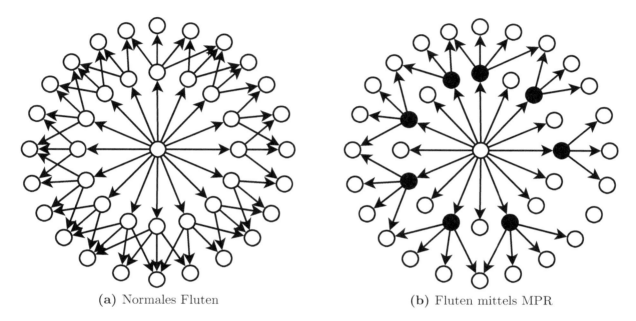

(a) Normales Fluten   (b) Fluten mittels MPR

Abb. 2: Der Quellknoten ist der Knoten in der Mitte. Jeder Pfeil, der zu einem Knoten weist, zeigt, dass dieser Knoten eine Kopie der zu sendenden Nachricht erhält. Die schwarzen Knoten in (b) sind jene Knoten, die vom Quellknoten als MPRs ausgewählt worden sind.

Topology Discovery

Jeder Knoten konstruiert einen partiellen Topologie-Graphen, der alle erreichbaren Knoten im Netzwerk sowie deren Verbindungsinformationen enthält. Um diesen Graphen erstellen zu können, generieren Knoten, deren MPR-Selector-Set nicht leer ist, periodisch „Topology Control (TC)"-Nachrichten, in denen die Adresse des generierenden Knotens und die aller Knoten seines MPR-Selector-Sets enthalten sind. Diese TC-Nachrichten beinhalten somit die benötigten Verbindungsinformationen, um den Topologie-Graphen und damit kürzeste Routen erstellen zu können, und werden im Netzwerk mittels MPR-Fluten verteilt (Clausen & Jacquet 2003, S. 33–36). Die Routingtabellen werden durch Informationen aus den HELLO- und TC-Nachrichten von jedem Knoten gewonnen. Daher muss, sobald sich eine Änderung der lokalen Verbindungsinformationen oder der Topologieinformationen ergibt, die Routingtabelle neu berechnet werden (Clausen & Jacquet 2003, S. 37).

4.2 Ad Hoc On-Demand Distance-Vector (AODV)

AODV ist ein für MANETs optimiertes reaktives Protokoll, das auf dem DVR-Verfahren beruht. AODV ist als experimentelles RFC 3561 (Perkins, Belding-Royer & Das 2003) von der IETF spezifiziert worden.

In AODV werden Routen nur erforscht, wenn sie benötigt werden, und werden nur so lange verwaltet, wie sie gebraucht werden. AODV verwendet Sequenznummern, um die Aktualität von Routen zu überprüfen und um Schleifenfreiheit zu garantieren.

AODV definiert drei Nachrichtentypen, um Pfade berechnen und pflegen zu können (Perkins et al. 2003, S. 7–10):

RREQ: Falls eine Route zu einem Ziel nicht verfügbar ist, wird eine sog. „Route Request (RREQ)"-Nachricht im Netzwerk geflutet.

RREP: Ist ein Knoten entweder der Zielknoten oder kennt er eine gültige Route zum Ziel, sendet er per Unicast eine sog. „Route Reply (RREP)"-Nachricht zurück zum Quellknoten.

RERR: Wenn eine aktive Verbindung zusammenbricht, senden die Knoten an beiden Enden dieser Verbindung eine sog. „Route Error (RERR)"-Nachricht aus, um ihre jeweiligen Endknoten darüber zu informieren.

AODV beinhaltet zwei wichtige Phasen: „Route Discovery" und „Route Maintenance".

Route Discovery

Neue Routen werden mittels RREQ-/RREP-Zyklus gefunden. Wenn ein Quellknoten A eine neue Route benötigt, sendet er RREQ per Broadcast an alle Knoten im Netzwerk. Knoten, die dieses Paket erhalten, aktualisieren ihre Information über den Quellknoten und definieren u. a. einen „Reverse Route"-Eintrag zum Quellknoten in ihren Routingtabellen. Ein Knoten, der RREQ erhält und der Zielknoten H ist oder eine Route zu H kennt, deren Sequenznummer größer oder gleich der in RREQ enthaltenen Sequenznummer ist, sendet RREP per Unicast an Knoten A. Anderenfalls leitet er den RREQ per Broadcast weiter.

Während RREP zur Quelle zurückgesendet wird, fügen die auf diesem Weg liegenden Knoten einen „Forward Path"-Eintrag in ihre Routingtabellen ein. Sobald der Knoten A RREP erhalten hat, kann er Daten auf dem Forward-Path an den Knoten H senden. Abbildung 3 verdeutlicht den Zusammenhang zwischen Reverse- und Forward-Path graphisch (vgl. Perkins et al. 2003, S. 14–21).

Route Maintenance

Nachdem eine bestimmte Ziel-Route gefunden wurde, wird diese so lange verwaltet, wie der Quellknoten sie benötigt („aktiver Pfad"). Wenn sich der Quellknoten einer aktiven

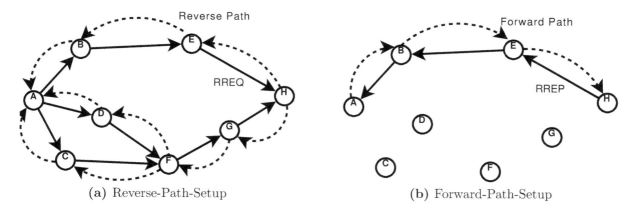

(a) Reverse-Path-Setup **(b)** Forward-Path-Setup

Abb. 3: AODV Routenfindung zwischen Knoten A und Knoten H.

Route bewegt, kann er eine neue Routenfindung starten. Wenn sich ein auf dem aktiven Pfad liegender Knoten oder der Zielknoten bewegt, sodass der Vorgängerknoten ihn trotz eventueller Reparaturversuche („Local Repair", vgl. Perkins et al. 2003, S. 26–27) nicht mehr erreichen kann, wird die Verbindung als gestört betrachtet. Der Knoten, der den Fehler entdeckt hat, sendet RERR so lange an seine Vorgängernachbarn, bis der Quellknoten informiert worden ist, wobei die Vorgängerknoten die Route zum Zielknoten als ungültig markieren. Danach kann die Routenfindung neu gestartet werden (Perkins et al. 2003, S. 24–25).

Ein Knoten kann überdies eine lokale Verbindungspflege („Local Connectivity Maintenance") betreiben, indem er periodisch HELLO-Nachrichten per Broadcast an seine Nachbarn sendet (vgl. Perkins et al. 2003, S. 23–24).

4.3   Zone Routing Protocol (ZRP)

Das hybride ZRP-Framework versucht die Vorteile des proaktiven und reaktiven Ansatzes zu vereinen. Es nutzt die Tatsache, dass in MANETs ein Großteil des Netzwerkverkehrs zwischen nahe beieinanderliegenden Knoten stattfindet, derart, dass es das Netzwerk in überlappende Zonen variabler Größe einteilt. ZRP verwendet proaktive Routingverfahren, um Nachbarknoten in einer Zone zu finden, sowie reaktive Mechanismen, um zwischen den Zonen zu routen (Haas, Pearlman & Samar 2002, S. 2).

Die ZRP-Architektur besteht im Wesentlichen aus dem Intrazone Routing Protocol (IARP) und dem Interzone Routing Protocol (IERP).

IARP

Das proaktive IARP wird von einem Knoten verwendet, um mit anderen Knoten, die sich in derselben Zone befinden, zu kommunizieren. Die Routingzone eines Knotens ist definiert als die Menge aller Knoten, deren minimale Distanz in Hops nicht größer ist als der festgelegte Zonenradius. Abbildung 4 zeigt die Routingzone eines Knotens mit einem

Radius von 2 Hops. Jeder Knoten verwaltet seine eigene Routingzone, daher müssen die Zonen benachbarter Knoten überlappen (Haas et al. 2002, S. 2).

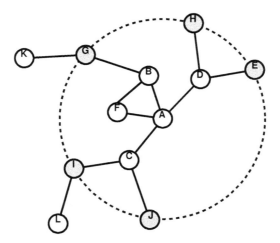

Abb. 4: ZRP-Routingzone mit Radius 2 für Knoten A. Alle Knoten, deren Abstand kleiner oder gleich zwei Hops ist, sind sog. „interior nodes" (Knoten B bis J). Knoten K und L sind außerhalb der Zone, die Knoten E, G, H, I und J sind sog. „peripheral nodes". Man beachte, dass Knoten G über zwei unterschiedliche Pfade (einen 2-Hop- und einen 3-Hop-Pfad) erreicht werden kann. Knoten G ist jedoch Mitglied der Zone, da der kürzeste Pfad kleiner oder gleich dem Zonenradius ist.

Um eine Zone erstellen zu können, muss ein Knoten seine 1-Hop-Nachbarn kennen. Dies kann entweder direkt über „Media Access Control (MAC)"-Protokolle geschehen oder über ein „Neighbor Discovery Protocol (NDP)", das typischerweise periodisches Fluten von HELLO-Beacons verwendet.

IERP

Die ZRP-Routenfindung findet anstatt des broadcastbasierten Routenfindens über ein sog. Nachrichten-Distributions-Service – das „Bordercast Resolution Protocol (BRP)" – statt. Dadurch kann eine Anfrage direkt an Regionen des Netzwerkes, die noch nicht durch Routinganfragen abgedeckt („covered") worden sind (die „Peripheral Nodes"), gesendet und der Routingnachrichtenverkehr reduziert werden.

Ein Knoten erkennt die lokale Abdeckung von Routinganfragen, indem er die Adressen der benachbarten Knoten, die eine Anfrage gesendet haben, speichert. Wenn ein Knoten einen Nachbarknoten, der eine Anfrage weiterleitet, identifiziert, markiert er alle bekannten Mitglieder der Routingzone des Nachbarknotens als „covered". Wenn ein Knoten eine Bordercast-Nachricht weiterleiten soll, verwendet er seine Routingzonen-Topologieinformationen, um einen sog. „Bordercast Tree" zu konstruieren. Der Bordercast-Tree besteht aus dem Knoten selbst (Wurzel) sowie allen noch nicht abgedeckten peripheren Knoten. Die Nachricht wird dann an alle Nachbarknoten weitergeleitet, die sich im Bordercast-Tree befinden. Da alle Knoten in der Routingzone des weiterleitenden Knotens als „covered" markiert werden, leitet ein Bordercast-Knoten eine Anfrage nicht öfter als einmal weiter.

Über das reaktive IERP wird bei Bedarf der Prozess der Routenfindung gestartet. Der Quellknoten sendet ein eindeutig identifizierbares „Route-Query"-Paket, das an jene Nachbarn gesendet wird, die durch das BRP bestimmt worden sind. Bei Empfang eines solchen Route-Querys prüft ein Knoten, ob der Zielknoten in seiner Zone liegt oder ob er eine gültige Route dorthin kennt. Wenn er eine solche Route kennt, sendet er eine „Route-Reply" an den Quellknoten, anderenfalls sendet er die Anfrage per Bordercast weiter (Haas et al. 2002, S. 4).

4.4 Fisheye State Routing (FSR)

FSR ist ein proaktives, auf dem LSR-Verfahren basierendes Routingprotokoll. Es ist implizit hierarchisch, indem es die sog. Fischauge-Technik verwendet, um das Netzwerk in verschiedene Bereiche („Scopes") zu unterteilen (die Anzahl der Scopes ist von der Netzwerkgröße abhängig). Dadurch wird eine unterschiedliche Austauschhäufigkeit der Verbindungsinformationen zwischen Knoten in verschiedenen Bereichen ermöglicht. So werden Informationen über Knoten in Bereichen, die zum jeweiligen Knoten näher liegen, häufiger aktualisiert als solche, die in Bereichen liegen, die weiter entfernt sind. Durch dieses Verfahren wird die Anzahl der Verbindungsinformationsnachrichten reduziert (Hong et al. 2002, S. 7). Abbildung 5 illustriert die Verwendung der Fischauge-Technik. Als weitere Optimierung zum reinen LSR werden bei FSR die Verbindungsinformationsnachrichten eines Knotens nicht geflutet, sondern periodisch nur mit seinen Nachbarknoten ausgetauscht.

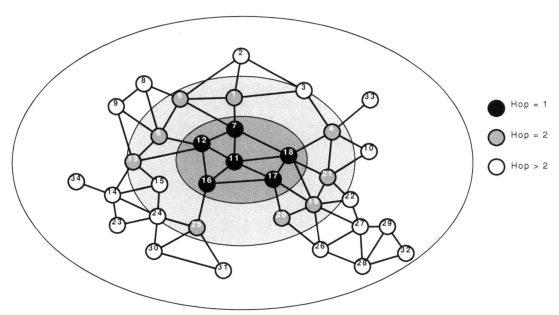

Abb. 5: Die verschieden gefärbten Bereiche begrenzen den jeweiligen Scope des Fischauges für Knoten 11. Der Scope ist definiert als die Menge aller Knoten, die mit einer bestimmten Anzahl von Hops erreicht werden können. Hier wurden drei Bereiche definiert: 1-Hop-Scope, 2-Hop-Scope und >2-Hop-Scope.

Die Partitionierung des Netzwerkes in verschiedene Bereiche wird dezentral für jeden

Knoten vorgenommen. Obwohl ein Knoten über keine präzisen Informationen über weit entfernte Knoten verfügt, werden Pakete korrekt zu diesen geroutet, da die Routinginformationen immer genauer werden, je näher das Paket dem Zielknoten kommt.

Jeder Knoten verwaltet folgende Datenstrukturen (Hong et al. 2002, S. 9–10):

Topology Table: Diese Tabelle beinhaltet die Topologieinformationen, die über die Verbindungsinformationsnachrichten erhalten wurden. Jedes Ziel besitzt einen Eintrag.

Neighbor Link State List: Sobald ein Knoten Verbindungsinformationsnachrichten von Nachbarknoten erhält, trägt er diese in der Nachbarschaftstabelle ein. Falls er innerhalb einer bestimmten Zeitspanne keine Aktualisierungen für einen Knoten erhält, wird der entsprechende Eintrag gelöscht.

Routing Table: Hier werden die „next hop"-Informationen gespeichert, um Pakete an Zielknoten weiterleiten zu können. Die Einträge werden aktualisiert, sobald sich die Topologie-Tabelle ändert. Basierend auf der aktuellsten Topologie-Tabelle wird der Dijkstra-Algorithmus angewendet, um die kürzesten Pfade zu allen bekannten Zielknoten zu berechnen.

Verarbeiten von Verbindungsinformationen

Jeder Knoten flutet die aktuellen Verbindungsinformationen an seine Nachbarknoten. FSR verwendet aufgrund der Zugehörigkeit zu einem Scope eines bestimmten Knotens verschiedene Aktualisierungsintervalle für die Übermittlung von Verbindungsinformationen. An Knoten, die sich in Scopes befinden, die weiter entfernt sind, werden seltener Aktualisierungen gesendet. Wenn der jeweilige Knoten eine Aktualisierung erhalten soll, wird die Sequenznummer in der Nachricht um Eins erhöht. Wenn ein Knoten eine solche Nachricht erhält, überprüft er, ob sich der sendende Knoten in seiner Nachbarschaftsliste befindet, und fügt diesen gegebenenfalls ein. Anschließend wird die Verbindungsinformationsnachricht verarbeitet. Für jeden Verbindungseintrag in der Nachricht wird der aktuellste Eintrag in die lokale Topologie-Tabelle eingetragen, falls seine Sequenznummer höher ist als eine eventuell schon vorhandene. Falls nötig wird abschließend die Routingtabelle aktualisiert (Hong et al. 2002, S. 12).

Verarbeiten von Datenpaketen

Der Quellknoten oder die Knoten zwischen Quelle und Ziel erhalten die Zieladresse aus den Datenpaketen und sehen in ihren Routingtabellen nach. Falls die Route bekannt ist, wird das Paket an den nächsten Knoten („next hop") gesendet. Diese Prozedur wiederholt sich, bis das Ziel erreicht ist (Hong et al. 2002, S. 14).

4.5 Cluster Based Routing Protocol (CBRP)

CBRP ist ein hierarchisches Protokoll, dass die Knoten eines MANETs in überlappende Cluster mit einem 2-Hop-Durchmesser gruppiert. In jedem Cluster wird ein sog. Clusterhead bestimmt, der die jeweiligen Clustermitgliedschaften verwaltet. Routen zwischen Clustern werden durch Clustermitgliedschaftsinformationen dynamisch gefunden. Clusterheads kommunizieren mit Hilfe von sog. „Gateway Nodes" mit adjazenten Clustern. Durch die Einteilung des Netzwerkes in Cluster wird der Broadcast-Verkehr während der Routenfindung verringert. CBRP ist außerdem in der Lage, mit unidirektionalen Verbindungen umzugehen und diese sowohl für Intra-Cluster- als auch Inter-Cluster-Routing zu verwenden (Jiang, Li & Tay 1999, S. 1–4).

Die wesentlichen Komponenten von CBRP sind Cluster-Formierung, das Finden von adjazenten Clustern sowie das Routing selbst.

Cluster-Formierung

Die Cluster-Formierung (Jiang et al. 1999, S. 8–10) verwendet eine Variation des „lowest ID clustering"-Algorithmus, wobei derjenige Knoten als Clusterhead gewählt wird, der unter seinen Nachbarn die niedrigste ID hat. Dazu verwaltet jeder Knoten eine Nachbarschaftstabelle, in der die IDs der Nachbarknoten, deren Rolle im Cluster (Clusterhead oder gewöhnliches Mitglied) sowie der Verbindungsstatus zu diesen Knoten (bidirektional, unidirektional) gespeichert werden. Diese Nachbarschaftstabelle wird durch periodisches broadcasten von HELLO-Nachrichten aktuell gehalten. Da jeder Knoten seine Nachbarschaftstabelle periodisch per Broadcast an seine Nachbarn versendet, ist es jedem Knoten möglich, Kenntnis über seine gesamte 2-Hop-Nachbarschaft zu gewinnen.

Im Zuge der Cluster-Formierung kann ein Knoten folgende Zustände einnehmen: Unentschlossen, Clusterhead oder Clustermitglied.

Unentschlossen: In diesem Zustand befindet sich jeder Knoten, der noch nicht Mitglied eines Clusters ist. Falls ein Knoten eine HELLO-Nachricht eines Clusterheads erhält und eine bidirektionale Verbindung zwischen diesen beiden Knoten besteht, wird der Knoten Mitglied des Clusters. Anderenfalls überprüft der Knoten, ob in seiner Nachbarschaftstabelle Einträge von bidirektionalen Verbindungen bestehen, um seinerseits Clusterhead eines neuen Clusters zu werden, oder, falls keine bidirektionalen Verbindungen vorhanden sind, im Zustand „Unentschlossen" zu bleiben und die Prozedur von Neuem zu beginnen.

Clusterhead: Wenn ein Clusterhead A innerhalb einer gewissen Zeitspanne über eine bidirektionale Verbindung zu einem anderen Clusterhead B verfügt, wird A Mitglied von Bs Cluster, falls Bs ID kleiner als die von A ist. Ansonsten bleibt A Clusterhead, und B muss seinen Zustand von Clusterhead auf Clustermitglied ändern. Dies hat eine Cluster-Neuorganisation zur Folge.

Clustermitglied: Wenn der Clusterhead-Eintrag in der Nachbarschaftstabelle eines Clustermitgliedes verfällt, überprüft dieser Knoten, ob er über bidirektionale Verbindungen verfügt. Falls solche vorhanden sind und der Knoten die niedrigste ID besitzt, ändert der Knoten seinen Zustand in Clusterhead, andernfalls ändert er den Zustand in „Unentschlossen". Jeder Knoten mit Status Clustermitglied ist Mitglied von zumindest einem Cluster.

Finden von adjazenten Clustern

Das Auffinden von adjazenten Clustern (Jiang et al. 1999, S. 10–13) dient einem Cluster, um alle seine bidirektional verbundenen adjazenten Cluster zu finden. Dazu verwaltet jeder Knoten eine sog. „Cluster Adjacency Table (CAT)", in der Informationen über seine benachbarten Clusterheads gespeichert werden.

Für Cluster-Mitglieder sind benachbarte Clusterheads stets zwei Hops entfernt und über sog. „Gateway Nodes" erreichbar. Benachbarte Clusterheads eines Clusterheads können zwei oder drei Hops entfernt sein. Ein Clusterhead muss sich daher auf Informationen der CAT seiner Cluster-Mitglieder verlassen, um Clusterheads zu finden, die drei Hops entfent sind.

Ein Cluster heißt

- bidirektional verbunden, wenn eine bidirektionale Verbindung zwischen zwei Knoten zu einem benachbarten Cluster besteht oder zumindest zwei entgegengesetzte unidirektionale Verbindungen zwischen zwei Knoten bestehen,

- unidirektional verbunden, falls nur eine unidirektionale Verbindung zwischen zwei Clustern besteht.

Routing

Der Routing-Prozess (Jiang et al. 1999, S. 13–18) findet in zwei Schritten statt. Zuerst wird eine Route vom Quellknoten zum Zielknoten gefunden, anschließend wird das Paket mittels Source-Routing zum Ziel geroutet. Durch die Cluster-Struktur wird Broadcast-Verkehr während der Routenfindung reduziert, da nur Clusterheads `RREQ`-Nachrichten weiterleiten. Abbildung 6 illustriert den Routing-Prozess von CBRP.

4.6   Greedy Perimeter Stateless Routing (GPSR)

GPSR (Karp & Kung 2000) gehört zur Klasse der geographischen (positionsbasierten) Routingprotokolle. GPSR verwendet zwei Methoden, um Pakete weiterzuleiten: „Greedy Forwarding" wird immer dann eingesetzt, wenn möglich. „Perimeter Forwarding" wird verwendet, sobald eine Paketzustellung mittels Greedy-Modus nicht mehr möglich ist. Der Quellknoten benötigt keine Topologieinformationen über das gesamte Netzwerk; die Kenntnis seiner eigenen Position (z. B. mit Hilfe von GPS), der Positionsinformationen

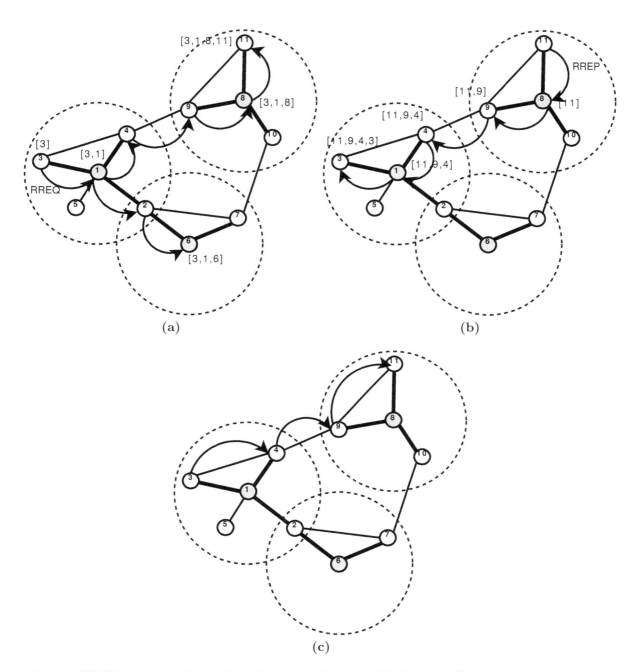

Abb. 6: CBRP Routing. Die dicken Linien markieren bidirektionale Verbindungen, die dünnen Linien unidirektionale. Quellknoten 3 sendet RREQ per Broadcast an alle Clusterheads [1, 6, 8], um Zielknoten 11 zu finden (c). Knoten 11 sendet entlang der umgekehrten „loose source route" [11, 8, 1, 3] der Clusterheads RREP an Knoten 3. Dabei errechnet jeder Clusterhead eine Hop-by-Hop „strict source route" (a). Das Datenpaket wird anschließend über die berechnete „strict source route" [11, 9, 4, 3] von Knoten 3 zu Knoten 11 gesendet (b).

der Nachbarknoten sowie des Zielknotens ist ausreichend. Um die Position eines Zielknotens ausfindig zu machen, wird das Vorhandensein eines sog. „Location Registration and Lookup"-Services vorausgesetzt. Ein Beispiel für ein solches Positionsservice ist das „Hierarchical Location Service (HLS)" von Kieß, Füßler, Widmer & Mauve (2004).

Greedy-Modus

Da bei GPSR der Quellknoten die geographische Position des Zielknotens in das jeweilige Paket einfügt, können weiterleitende Knoten eine lokal optimale gierige Wahl bezüglich des nächsten Hops des Pakets treffen. Aufgrund der Kenntnis der Position seiner Nachbarn kann der jeweils weiterleitende Knoten das Paket an denjenigen Nachbarknoten weiterleiten, der am nächsten zum Zielknoten liegt. GPSR versucht, Pakete so lange wie möglich im Greedy-Modus zuzustellen. In manchen Topologien besteht allerdings die Möglichkeit, dass es nur Routen zum Ziel gibt, die geometrisch weiter vom Ziel entfernt sind als der weiterleitende Knoten. Abbildung 7 zeigt ein Beipiel für eine solche Topologie. In diesem Fall muss der Greedy-Modus verlassen und in den Perimeter-Modus gewechselt werden (Karp & Kung 2000, S. 2–3).

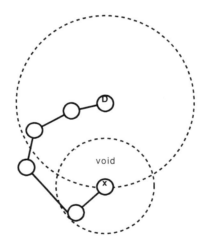

Abb. 7: Scheitern des Greedy Modus. Das Paket hat in Knoten x sein lokales Maximum erreicht. Der Zielknoten D liegt außerhalb des Senderadius von x. Die Strecke $\overline{xD}$ bildet aber die kürzeste Strecke zwischen Sendeknoten und Zielknoten.

Perimeter-Modus

Im Perimeter-Modus (Karp & Kung 2000, S. 3–4) wird die sog. Rechte-Hand-Regel angewendet, um eine wie in Abbildung 7 dargestellte leere Fläche („void") zwischen Knoten x und Knoten D zu umrunden und dabei das Paket an einen Knoten zuzustellen, der näher am Zielknoten D liegt als Knoten x. Die Sequenz der mit Hilfe der Rechten-Hand-Regel durchlaufenen Kanten wird Perimeter genannt.

Die Anwendung der Rechte-Hand-Regel verlangt zunächst die Bestimmung der Verbindung zwischen dem weiterleitenden Knoten im lokalen Maximum und dem Zielknoten.

Die Weiterleitung des Pakets erfolgt danach auf der nächsten Kante in entgegengesetzter Uhrzeigerrichtung von dieser Verbindung. Der Knoten, der das Paket empfängt, leitet es auf der nächsten Kante in entgegengesetzter Uhrzeigerrichtung weiter, sofern sie nicht die Verbindung zwischen dem Ausgangsknoten der Rechten-Hand-Regel und dem Empfängerknoten schneidet. Falls dies der Fall ist, wird die Kante ausgelassen und die nächste Kante in entgegengesetzter Uhrzeigerrichtung gewählt. Abbildung 8 illustriert die Anwendung der Rechte-Hand-Regel (aus Gründen der Übersichtlichkeit handelt es sich dabei nicht um ein lokales Maximum in x).

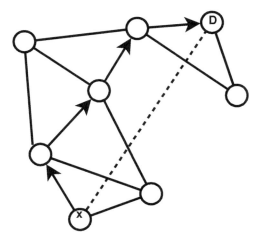

Abb. 8: Anwendung des Perimeter-Modus. Ein Paket soll von x an D gesendet werden. Knoten x legt durch seine Ortsinformation und der des Zielknotens D eine virtuelle Kante $\overline{xD}$ an. Das Paket muss initial über diejenige Kante zu einem Knoten gesendet werden, die als Erstes ausgehend von der virtuellen Kante entgegen dem Uhrzeigersinn erreicht wird und die virtuelle Kante $\overline{xD}$ nicht schneidet.

Falls das Paket einen Knoten erreichen sollte, der näher am Empfängerknoten liegt als die Perimeter-Modus-Position, wird wieder in den Greedy-Modus gewechselt (die dazu nötigen Daten finden sich im jeweiligen Paket-Header).

Voraussetzung für die korrekte Anwendung der Rechten-Hand-Regel sind sog. planare Graphen, d. h., es darf keine zwei Kanten geben, deren Schnittpunkt nicht auf einer Ecke liegt. Die Planarisierung erfolgt dezentral in jedem Knoten durch Auswertung der Nachbarschaftstabelle. Bei GPSR kommen zwei Algorithmen zur Planarisierung zum Einsatz, der Gabriel Graph und der Relative Neighborhood Graph (vgl. Karp & Kung 2000, S. 4–5).

5 Methodik

Das Ziel der im Rahmen dieser Arbeit vorgenommenen Experimente ist es, die Leistung der in Kapitel 4 vorgestellten Routingprotokolle hinsichtlich bestimmter Metriken in verschiedenen Simulationsszenarien zu untersuchen.

Das Kapitel ist wie folgt aufgebaut: Zunächst wird der verwendete Simulator näher beschrieben. Danach wird die im Rahmen dieser Arbeit verwendete Simulationsumgebung detailliert erläutert. Des Weiteren werden die Metriken dargestellt, aufgrund derer die verschiedenen in Kapitel 4 vorgestellten Routingprotokolle miteinander verglichen werden. Den Abschluss des Kapitels bilden Informationen zur konkreten Umsetzung der Simulation.

5.1 Der Simulator NS-2

Der Network Simulator (NS-2) ist ein objektorientierter, diskreter, ereignisgesteuerter Netzwerksimulator, der die Simulation von TCP, Routing- und Multicast-Protokollen in leitungsgebundenen Netzen sowie in Funknetzen (lokal und über Satellit) ermöglicht. Die Entwicklung von NS-2 hat 1989 als Ableger des REAL Network Simulators begonnen und wird seit 1995 vom VINT-Projekt der Defense Advanced Research Projects Agency (DARPA), einer Kollaboration der University of California Berkeley (UCB), der University of Southern California (USC/ISI), dem Lawrence Berkeley National Laboratory (LBNL) sowie Xerox PARC, betrieben. Der Quellcode des Simulators ist frei zugänglich und in Forschung und Entwicklung weit verbreitet.

NS-2 basiert auf einer Simulationsbibliothek und einem Simulationsereignisplaner, die beide in der Programmiersprache C++ implementiert worden sind. Die Simulationsszenarien und deren Parameter werden in OTcl (MIT Object Tcl) definiert. OTcl basiert auf der interpretierten Programmiersprache Tcl/Tk und erweitert diese um objektorientierte Fähigkeiten. Um einerseits die Flexibilitätsvorteile von OTcl bei der Szenario-Konfiguration und andererseits die Effizienz von C++ bezüglich der Ausführungsgeschwindigkeit nutzen zu können, kann der OTcl-Interpreter direkt auf die in C++ definierten Objekte zugreifen, da eine enge Beziehung zwischen den C++-Klassenhierarchien und den OTcl-Hierarchien besteht (Fall 2000, S. 18–19).

Der typische Ablauf einer Simulation mit NS-2 kann wie folgt beschrieben werden: Mittels vom Benutzer erstellten OTcl-Skripts wird der Ereignisplaner initialisiert und mit Hilfe der Netzwerkbibliotheken eine Netzwerktopologie aufgebaut, außerdem wird der zu simulierende Netzwerkverkehr beschrieben. In NS-2 wird jedem Ereignis durch den Ereignisplaner eine eindeutige ID zugewiesen. Nach dem Initialisieren des Ereignisplaners aktiviert dieser die für einen bestimmten Zeitpunkt vorgesehenen Ereignisse, indem er die entsprechenden Netzwerkkomponenten aufruft. Diese führen dann das Ereignis aus. Die Simulationsergebnisse werden in sog. Tracefiles gespeichert und können später einfach analysiert werden oder mit Hilfe des speziell für diesen Zweck entwickelten Network-Animators (NAM) visualisiert werden.

Um NS-2 um neue Protokolle zu erweitern, müssen ein neuer Pakettyp und ein neuer Agent (der für das Versenden und Empfangen eines Pakettyps zuständig ist) definiert und in C++ implementiert werden. Die Einbindung des Protokolls erfolgt dann durch direktes Einfügen in den bestehenden NS-2-Quelltext. Anschließend werden Pakettyp und Agent in die jeweiligen NS-2-Datenstrukturen eingetragen und der Simulator abschließend neu kompiliert.

5.2 Die Simulationsumgebung

Der Aufbau der Simulationsumgebung orientiert sich an Umgebungen, wie sie in Studien von Broch, Maltz, Johnson, Hu & Jetcheva (1998) und Naumov & Gross (2005) beschrieben werden. Um die Skalierbarkeit der zu testenden Protokolle zu untersuchen, werden im Rahmen dieser Arbeit drei verschiedene Experimente mit jeweils unterschiedlichen Bewegungs- und Verkehrsmustern durchgeführt.

In allen Experimenten wird „Constant Bit Rate (CBR)"-Datenverkehr simuliert, wobei gleichzeitig 10, 20 oder 30 Verbindungen aufgebaut werden. Die Paketrate beträgt 4 Pakete/s, die Pakete sind jeweils 64 Bytes groß. Jeder Knoten bewegt sich nach dem „Random Waypoint"-Modell (dieses Modell beschreibt zufällige Bewegungsmuster, die kausal unabhängig von früheren Zeitpunkten sind). Die Ausbreitung der Funksignale wird durch das Two-Ray-Ground-Modell beschrieben. Dieses Modell berücksichtigt sowohl die Sichtlinie zwischen zwei Knoten als auch Reflektionen vom Erdboden.

Es werden Populationen von 50, 100 und 200 Knoten in Gebieten von 1500 m × 300 m, 2121 m × 425 m und 3000 m × 600 m in einem Zeitraum von 300 s simuliert. Jeder Knoten besitzt eine IEEE 802.11 2Mbit/s Funkschnittstelle mit einer Reichweite von 250 m. Die Bewegungsgeschwindigkeit eines Knotens wird frei aus dem Intervall [1,19] m/s gewählt. Die Pausenzeit, die festlegt, wie lange ein Knoten auf einer Position verharrt, bevor er sich zu einer neuen Zielposition bewegt, wird durch die Zeiten 0, 30, 60, 120, 240 und 300 s ausgedrückt. Eine Pausenzeit von 0 Sekunden bedeutet, dass der Knoten ständig in Bewegung ist, wohingegen eine Pausenzeit von 300 Sekunden bedeutet, dass der Knoten die gesamte Simulationsdauer über stationär bleibt.

Die Dimensionen der jeweiligen Experimente sind zusammenfassend in Tabelle 1, die allen drei Experimenten gemeinsamen grundlegenden Simulationsparameter sind in Tabelle 2 aufgeführt.

	Experiment „small"	Experiment „mid"	Experiment „large"
Knoten	50	100	200
Fläche	1500 m × 300 m	2121 m × 425 m	3000 m × 600 m

Tab. 1: Dimensionen der drei Experimente.

Parameter	Wert
Simulationsdauer	300 s
CBR-Verbindungen	10, 20, 30
Paketrate	4 Pakete/s
Paketgröße	64 Bytes
Pausenzeiten	0, 30, 60, 120, 240, 300 s
Min. Knotengeschwindigkeit	1 m/s
Max. Knotengeschwindigkeit	19 m/s
Mobilitätsmodell	Random Waypoint
Ausbreitungsmodell	Two-Ray-Gound
Antennenmodell	OmniAntenna (250 m Reichweite)
MAC-Schnittstelle	802.11 (2 Mbit/s)

Tab. 2: Grundlegende Simulationsparameter aller drei Experimente.

5.3   Verwendete Metriken

Wie bereits in Kapitel 3.2 kurz erwähnt, beschreiben Corson & Macker (1999, S. 8) eine Reihe von quantitativen Metriken, die zur Leistungsmessung von Routingprotokollen in mobilen Ad-Hoc-Netzwerken herangezogen werden können. Aussagekräftige Metriken lassen möglichst viele Faktoren einfließen. Im Rahmen der vorliegenden Arbeit werden daher folgende Metriken zum Vergleich der ausgewählten Routingprotokolle herangezogen:

Paket Delivery Ratio: Die Zustellrate ist das Verhältnis zwischen der Anzahl der von einer CBR-Quelle auf der Anwendungsschicht versendeten Pakete und der Anzahl der von der CBR-Senke des Zielknotens erhaltenen Pakete. Diese Metrik charakterisiert sowohl die Vollständigkeit als auch die Korrektheit eines Routingprotokolls.

Average End-to-End Delay: Diese Metrik wird durch Dividieren der Gesamtverzögerung der Zustellung eines Pakets zum Ziel durch die Anzahl der am Ziel eingetroffenen Pakete errechnet. Mögliche Ursachen der Verzögerung sind z. B. Pufferung, verursacht durch Latenzen während der Routenfindung, das Warten in der Interface-Queue oder Retransmission-Delays auf MAC-Ebene.

Path Optimality: Der Netzwerksimulator NS-2 speichert zu jedem Paket, das sein Ziel erreicht, wie oft das Paket weitergeleitet wurde und wie viele Hops der kürzeste Pfad zu diesem Zeitpunkt hatte. Das Verhältnis der beiden Werte sagt aus, wie nahe am Optimum die von den Protokollen gefundenen Routen sind.

Throughput: Der Durchsatz gibt an, wie viele Pakete pro Zeiteinheit über das Netzwerk übertragen werden können. Er wird errechnet aus der Summe aller gesendeten Pakete dividiert durch die Dauer der Übertragung eines Paketes zum Ziel.

5.4 Implementierung der Simulation

Die Simulation wird mit NS-2-Version 2.29 (Allinone-Paket) durchgeführt. Das Hostbetriebssystem ist CentOS 5.1 (i386-Architektur) mit einem Linux-Kern in der Version 2.6.18. Als Compiler wurde der GNU-C/C++-Compiler GCC 4.1.2 (20070626) verwendet.

Als AODV-Implementierung kommt die NS-2-Standardversion zum Einsatz. Die frei verfügbaren Implementierungen der Protokolle OLSR, ZRP, FSR, CBRP sowie GPSR stammen aus unterschiedlichen Quellen, sind aber im Zuge dieser Arbeit speziell für die verwendete NS-2-Version angepasst worden. In Tabelle 3 wird ein kurzer Überblick über die jeweils in der Simulation verwendeten Protokoll-Parameter gegeben.

Protokoll	Parameter	Wert
AODV	Link Layer Detection	Ja
	Local Route Repair	Ja
OLSR	Link Layer Detection	Ja
	Willingness	3 [1]
ZRP	Zone Radius	3 Hops
	IARP Event Triggered	Ja
	IARP Periodic Updates	Nein
FSR	Scope Number	2
	Scope1 Hops	2
CBRP	Max. Neighbors	10
GPSR	Perimeter Mode	Ja
	Graph Planarisation	Ja
	Link Layer Detection	Ja
	Location Service	HLS

Tab. 3: Während der Simulation verwendete wichtige Protokollparameter.

Die zur Umsetzung der Simulation eigens für diese Arbeit implementierten Hilfsprogramme werden im Folgenden, in der im Experiment eingesetzten zeitlichen Reihenfolge, aufgelistet:

Initialisieren der Simulation: Das Programm `setup-simulation` erzeugt die für den weiteren Verlauf des jeweiligen Experiments benötigte Ordnerstruktur und generiert die Szenariodateien für NS-2. Dazu werden die Parameter aus der jeweiligen Experiment-Konfigurationsdatei `manetsim.conf` verwendet. Die Bewegungsmuster werden automatisch mit Hilfe des in NS-2 enthaltenen Generators `setdest` erstellt. Der CBR-Netzwerkverkehr wird ebenfalls automatisch durch entsprechenden Aufruf des NS-2-Hilfsprogrammes `cbrgen.tcl` erstellt. Die Szenariodateien werden im `model`-Verzeichnis des entsprechenden Experiments gespeichert. Die Simulation wird auf der Kommandozeile folgendermaßen initialisiert:

---

[1]In der UM-OLSR Implementierung entspricht dieser Wert einer durchschnittlichen Bereitschaft, ein von anderen Knoten erhaltenes Paket weiterzuleiten.

```
~/simulation$ ./setup-simulation [ small | mid | large ]
```

Durchführen und Aufzeichnen der Simulation: Nachdem das Experiment konfiguriert worden ist, kann mit der eigentlichen Durchführung mittels `run-simulation` begonnen werden. Dieses Programm liefert pro Kombination aus Protokoll, Verkehrsquellenanzahl und Pausenzeiten ein NS-2-Tracefile als Ergebnis (es findet sich im `trace`-Verzeichnis des jeweiligen Experiment-Ordners). Die Simulation wird wie folgt gestartet:

```
~/simulation$ ./run-simulation [ small | mid | large ]
```

Analyse der Simulation: Die während der Simulation erstellten NS-2-Daten werden mit Hilfe des Programmes `analyze-simulation` hinsichtlich der in Kapitel 5.3 angeführten Metriken analysiert und graphisch aufbereitet. Als Resultat findet sich eine Reihe von EPS-Dateien im `plots`-Ordner des entsprechenden Experiments. Die aus den NS-2-Tracefiles aggregierten Daten, die als Ausgangspunkt für die graphische Darstellung dienen, finden sich im `data`-Ordner des jeweiligen Experiment-Verzeichnisses. Die Analyse wird wie folgt gestartet:

```
~/simulation$ ./analyze-simulation [ small | mid | large ]
```

6 Ergebnisse der Simulation

Die in Kapitel 4 beschriebenen Routingprotokolle wurden hinsichtlich der in Kapitel 5 dargelegten Metriken und mit den dort beschriebenen Parametern im Simulator NS-2 getestet. Leider lieferten die Simulationen von ZRP und CBRP keine gültigen Ergebnisse[2]. Die Ergebnisse der Simulationen mit den Protokollen OLSR, AODV, FSR und GPSR werden im Folgenden eingehend erläutert.

6.1 Packet Delivery Ratio

Die Abbildungen 9, 10 und 11 zeigen die Verhältnisse von gesendeten Paketen zu jenen Paketen, die ein Protokoll zustellen konnte, als Funktion der Knotenmobilität (Pausenzeit) in den drei unterschiedlich dimensionierten Experimenten.

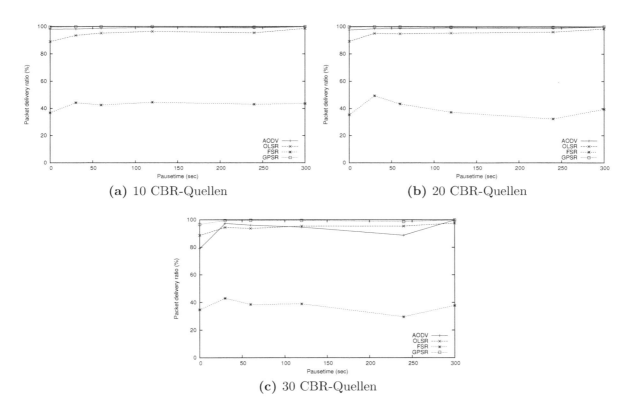

(a) 10 CBR-Quellen

(b) 20 CBR-Quellen

(c) 30 CBR-Quellen

Abb. 9: Experiment „small". Die Paketzustellrate als Funktion der Pausenzeit.

Abbildung 9 zeigt die Leistung der getesteten Protokolle bei 50 Knoten, die sich auf einer Fläche von 1500 m × 300 m bewegen. Bei AODV, OLSR und GPSR liegt die Paket-zustellrate aller Pakete unabhängig von der Netzwerklast und Knotenmobilität zwischen

---

[2]Die NS-2-Implementierungen von ZRP und CBRP haben jeweils nach einigen Sekunden die Simulation mit sog. „Segmentation Faults" abgebrochen. Im Rahmen dieser Arbeit war genaueres Debugging bzw. Umprogrammieren der Implementierungen aus Zeitgründen nicht möglich.

90% und 100%. GPSR hat unabhängig von der Netzwerklast mit durchschnittlich 99,5% nahezu optimale Werte. AODV stellt im Schnitt 96,7% der Pakete zu, OLSR 94,5%. FSR hat, je nach Verkehrslast, mit Werten zwischen ca. 43% und 37% durchgängig die schlechteste Paketzustellrate (im Schnitt liegt die Zustellrate nur bei 39,7%)[3]. Tabelle 4 zeigt die Durchschnittswerte aller Protokolle bei 10, 20 und 30 CBR-Quellen unabhängig von den jeweiligen Pausenzeiten.

CBR-Quellen	OLSR	AODV	FSR	GPSR
10	94,7	98,9	42,5	99,8
20	94,8	98,7	39,5	99,8
30	94,1	92,5	37,1	98,9

Tab. 4: Packet Delivery Ratio (Experiment „small"). Durchschnittswerte (%).

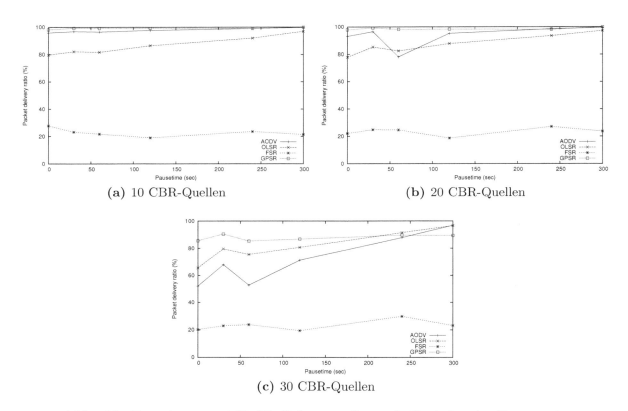

(a) 10 CBR-Quellen   (b) 20 CBR-Quellen

(c) 30 CBR-Quellen

Abb. 10: Experiment „mid". Die Paketzustellrate als Funktion der Pausenzeit.

Abbildung 10 zeigt die Leistung der getesteten Protokolle bei 100 Knoten, die sich auf einer Fläche von 2121 m × 425 m bewegen. Im Schnitt stellt GPSR rund 95,2% aller Pakete zu, AODV 87,5%, OLSR 85,1% und FSR lediglich 23,2%. Tabelle 5 zeigt die Durchschnittswerte aller Protokolle bei 10, 20 und 30 CBR-Quellen unabhängig von den jeweiligen Pausenzeiten.

---

[3]Aus nicht klärbaren Gründen verwirft die gewählte NS2-Implementierung von FSR eine hohe Anzahl von Paketen. Eine genauere diesbezügliche Analyse war im Rahmen der vorliegenden Arbeit aus Zeitgründen nicht möglich.

CBR-Quellen	OLSR	AODV	FSR	GPSR
10	86,4	97,5	22,8	99,1
20	87,3	93,4	23,5	98,6
30	81,6	71,5	23,3	87,9

Tab. 5: Packet Delivery Ratio (Experiment „mid"). Durchschnittswerte (%).

Man sieht, dass AODV und GPSR bei niedrigeren Verkehrslasten (10 und 20 CBR-Quellknoten) nach wie vor sehr hohe Zustellraten haben. OLSR konvergiert hier, zumindest bei erhöhter Mobilität, schlechter. Hier stellt OLSR bei Pausenzeiten von unter 240 s durchschnittlich nur rund 83% aller Pakete zu. Dies liegt hauptsächlich am erhöhten Routingoverhead aufgrund von periodischen Routeupdates. FSR hat, ebenso wie bei dem 50-Knoten-Experiment, schlechte Zustellraten, diese sind sogar noch deutlich gesunken.

Bei erhöhter Verkehrslast (Abbildung 10 (c)) fällt die Leistung von GPSR und AODV deutlich ab, OLSR hingegen liefert im Vergleich zu den Simulationen mit niedrigeren Verkehrslasten vergleichbare Ergebnisse. Vor allem AODV, als Vertreter des reaktiven Ansatzes, hat hier bei erhöhter Knotenmobilität aufgrund der Latenzzeit beim Routenfindungsprozess Nachteile. FSR schafft es in diesem Vergleich lediglich, weniger als ein Viertel aller Pakete zuzustellen.

Abbildung 11 zeigt die Leistung der getesteten Protokolle bei 200 Knoten, die sich auf einer Fläche von 3000 m × 600 m bewegen. GPSR stellt hier 90,8%, AODV 70%, OLSR 48,4% und FSR 8,8% aller Pakete zu. Tabelle 6 zeigt die Durchschnittswerte aller Protokolle bei 10, 20 und 30 CBR-Quellen unabhängig von den jeweiligen Pausenzeiten.

CBR-Quellen	OLSR	AODV	FSR	GPSR
10	62,5	95,1	7,3	98,1
20	40,0	69,0	8,7	94,0
30	42,7	46,0	10,4	80,3

Tab. 6: Packet Delivery Ratio (Experiment „large"). Durchschnittswerte (%).

Bei wenig Verkehrslast (Abbildung 11 (a)) zeigen AODV und GPSR nach wie vor sehr gute Leistungen, während die Zustellrate bei AODV bei 20 CBR-Quellen deutlich unter der sehr hohen Rate von GPSR liegt. Erst bei höherem Verkehrsaufkommen (Abbildung 11 (c)) sinkt auch die Leistung von GPSR. Die Zustellrate von AODV ist hier schon auf ca. 50% gesunken. Dies liegt am reaktiven Ansatz von AODV, der, besonders in Netzen mit hoher Verkehrslast, aufgrund der erhöhten Anzahl von Kontrollpaketen beim Fluten vermehrt Paketkollisionen hervorruft („Contention"). OLSR zeigt bei 30 CBR-Quellen eine ähnliche Leistung wie AODV. Bei OLSR wird die niedrige Zustellrate ebenfalls durch sog. „Channel-Contention", allerdings durch die periodischen Routenupdates, hervorgerufen. FSR hat, wie auch in den vorherigen Experimenten, sehr hohe Dropraten.

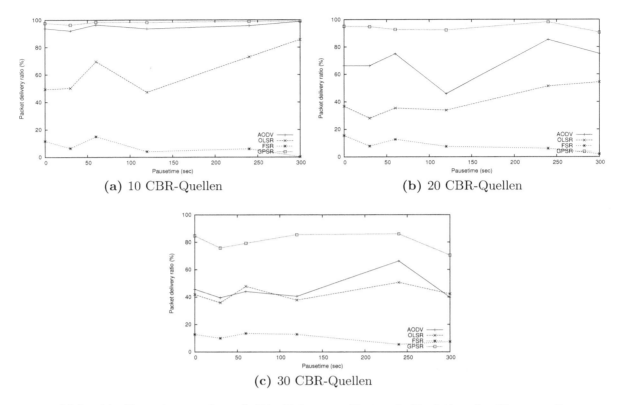

(a) 10 CBR-Quellen   **(b)** 20 CBR-Quellen

(c) 30 CBR-Quellen

Abb. 11: Experiment „large". Die Paketzustellrate als Funktion der Pausenzeit.

6.2 Average End-to-End Delay

Die Abbildungen 12 bis 14 zeigen die durchschnittliche Ende-zu-Ende-Verzögerung bei der Paketzustellung als Funktion der Knotenmobilität (Pausenzeit) in den drei unterschiedlich dimensionierten Experimenten.

Abbildung 12 zeigt die Zustellverzögerung der getesteten Protokolle bei 50 Knoten, die sich auf einer Fläche von 1500 m × 300 m bewegen. Alle Protokolle sind bezüglich dieser Metrik, unabhängig vom Verkehrsaufkommen, sehr effektiv. Im Schnitt stellt OLSR Pakete mit 0,01 s, FSR mit 0,029 s, AODV mit 0,035 s und GPSR mit 0,081 s Verzögerung zu. Tabelle 7 zeigt die Durchschnittswerte aller Protokolle bei 10, 20 und 30 CBR-Quellen unabhängig von den jeweiligen Pausenzeiten.

CBR-Quellen	OLSR	AODV	FSR	GPSR
10	0,007	0,012	0,018	0,032
20	0,010	0,017	0,020	0,048
30	0,013	0,077	0,048	0,163

Tab. 7: End-to-End Delay (Experiment „small"). Durchschnittswerte (s).

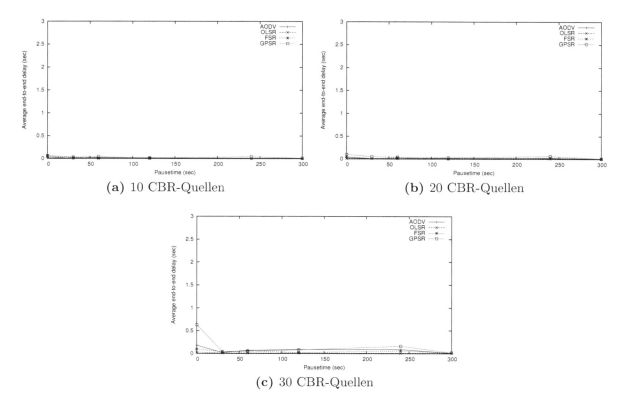

(a) 10 CBR-Quellen   (b) 20 CBR-Quellen

(c) 30 CBR-Quellen

Abb. 12: Experiment „small". Die durchschnittliche Ende-Zu-Ende-Verzögerung als Funktion der Pausenzeit.

Abbildung 13 zeigt die Paketzustellverzögerung der getesteten Protokolle bei 100 Knoten, die sich auf einer Fläche von 2121 m × 425 m bewegen. Wie schon bei dem kleiner dimensionierten Durchgang oben, zeigen die meisten Protokolle hier eine allgemein hohe Effizienz. Im Schnitt beträgt die Verzögerung bei OLSR 0,05 s, bei FSR 0,059 s, bei AODV 0,127 s und bei GPSR 0,676 s. Tabelle 8 zeigt die Durchschnittswerte aller Protokolle bei 10, 20 und 30 CBR-Quellen unabhängig von den jeweiligen Pausenzeiten.

CBR-Quellen	OLSR	AODV	FSR	GPSR
10	0,040	0,025	0,040	0,072
20	0,032	0,078	0,072	0,177
30	0,078	0,278	0,066	1,780

Tab. 8: End-to-End Delay (Experiment „mid"). Durchschnittswerte (s).

Bei hohem Verkehrsaufkommen (Abbildung 13 (c)) ist die Leistung von GPSR allerdings deutlich geringer. GPSR stellt bei 30 CBR-Quellen Pakete im Durchschnitt mit rund 1,8 s Verzögerung zu. GPSR trifft ausschließlich lokale Routinginformationen, wodurch es zu häufiger Verwendung des Perimeter-Modus kommt. Dieser produziert längere Routen und verursacht so erhöhte Zustellverzögerungen. Ein weiteres Problem stellt bei GPSR die Verwendung des Location-Services dar, durch die ein gewisser Overhead (dieser beinhaltet die Registrierung bei dem Positionsservice und die jeweiligen Lookups der

Location-Databases) entsteht, wodurch in stärker belasteten Netzen Verzögerungen hervorgerufen werden können. Obwohl GPSR verschiedene Ansätze zum Minimieren dieses Overheads bereithält, muss zumindest am Beginn einer Kommunikation ein solcher Lookup durchgeführt werden.

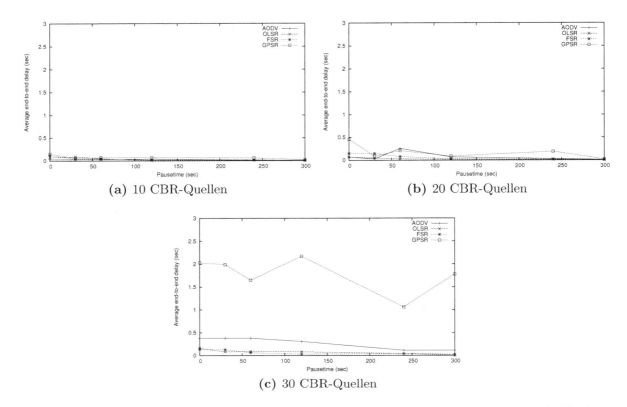

(a) 10 CBR-Quellen

(b) 20 CBR-Quellen

(c) 30 CBR-Quellen

Abb. 13: Experiment „mid". Die durchschnittliche Ende-Zu-Ende-Verzögerung als Funktion der Pausenzeit.

Abbildung 14 zeigt die durchschnittliche Ende-Zu-Ende-Verzögerung der getesteten Protokolle als Funktion der Pausenzeit bei 200 Knoten, die sich auf einer Fläche von 3000 m × 600 m bewegen. Auch hier bietet sich ein ähnliches Bild wie im zuvor beschriebenen Experiment. Alle Protokolle haben bei geringerem Verkehrsaufkommen eine sehr niedrige durchschnittliche Verzögerung bei der Paketzustellung. Bei 30 sendenden CBR-Quellknoten ist die Verzögerung bei GPSR wieder deutlich höher. Im Schnitt stellt FSR mit 0,094 s, OLSR mit 0,206 s, AODV mit 0,276 s und GPSR mit 0,584 s Verzögerung zu. Tabelle 9 zeigt die Durchschnittswerte aller Protokolle bei 10, 20 und 30 CBR-Quellen unabhängig von den jeweiligen Pausenzeiten.

CBR-Quellen	OLSR	AODV	FSR	GPSR
10	0,118	0,058	0,063	0,078
20	0,162	0,300	0,098	0,332
30	0,337	0,468	0,122	1,343

Tab. 9: End-to-End Delay (Experiment „large"). Durchschnittswerte (s).

Interessant ist, dass FSR trotz der nur ungenauen Kenntnis weit entfernter Knoten (vgl. Kapitel 4.4) die niedrigsten Verzögerungen bei der Paketzustellung aufweist. Eine Reduktion der Routingungenauigkeit wird beispielsweise durch die Gewichtung von Routenfehlern ermöglicht, die die Sensitivität für ungenaue Informationen über weit entfernte Knoten (gerade in großen Netzen) reduziert. Dadurch beeinflussen Routenupdates mit geringer Frequenz von weit entfernten Knoten die Routingpräzision nicht signifikant (Pei et al. 2000, S.14).

In Abbildung 14 (c) zeigt sich für AODV ein teilweise anderes Bild als in 14 (a) . Hier steigt die Verzögerung mit steigender Pausenzeit. Dieses Verhalten wird durch den Effekt der Konkurrenz („Contention") in stark belasteten Netzen verursacht, wodurch es vermehrt zu Paketkollisionen und dadurch zu einer geringeren Zustellrate kommt. AODV ist aufgrund des „blinden" Flutens von RREQ-Nachrichten in diesem Szenario anfällig. Außerdem erhöht sich in diesem Szenario die Verzögerung, da die Anzahl der Routen mit großer Länge höher ist und die Verzögerung eines Paketes direkt proportional zu der Anzahl von Hops von der Quelle zum Ziel einer Route ist. Bei OLSR zeigt sich ein ähnliches Phänomen wie bei AODV, allerdings wird die „Contention" hier durch den Overhead an Kontrollpaketen aufgrund der periodischen Routenupdates hervorgerufen.

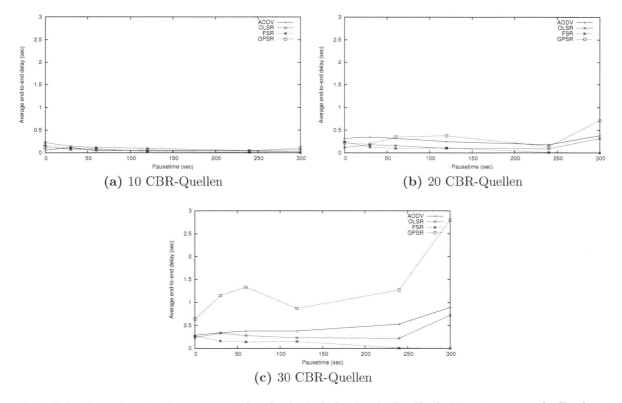

(a) 10 CBR-Quellen   **(b)** 20 CBR-Quellen

(c) 30 CBR-Quellen

Abb. 14: Experiment „large". Die durchschnittliche Ende-Zu-Ende-Verzögerung als Funktion der Pausenzeit.

6.3 Path Optimality

Die Abbildungen 15, 16 und 17 zeigen, wie optimal die von den jeweiligen Protokollen gewählte Route ist.

Abbildung 15 zeigt, wie nahe am Optimum die gefundenen Routen der getesteten Protokolle bei 50 Knoten, die sich auf einer Fläche von 1500 m × 300 m bewegen, sind. Im Durchschnitt erreicht GPSR 99,3%, OLSR 95,7%, FSR 93,3% und AODV 82,8% Routenoptimalität. Tabelle 10 zeigt die Durchschnittswerte aller Protokolle bei 10, 20 und 30 CBR-Quellen unabhängig von den jeweiligen Pausenzeiten.

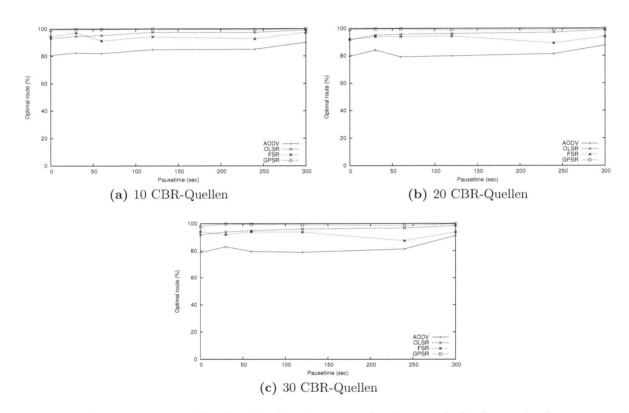

(a) 10 CBR-Quellen   (b) 20 CBR-Quellen

(c) 30 CBR-Quellen

Abb. 15: Experiment „small". Das Finden der optimalen Route als Funktion der Pausenzeit.

CBR-Quellen	OLSR	AODV	FSR	GPSR
10	96,1	84,2	94,5	99,5
20	95,8	82,0	93,0	99,4
30	95,3	82,1	92,5	99,1

Tab. 10: Path Optimality (Experiment „small"). Durchschnittswerte (%).

OLSR, FSR und GPSR finden unabhängig von der Verkehrslast annähernd optimale Routen. AODV findet im Vergleich dazu bis zu 20% längere Routen. Dies lässt sich unter anderem auch auf Paketkollisionen beim Broadcasten von RREQ-Nachrichten zurückführen.

Abbildung 16 zeigt, dass bei 100 simulierten Knoten, die sich auf einer Fläche von 2121 m × 425 m bewegen, GPSR 95,8%, OLSR 92,6%, FSR 91,2% und AODV 80% Routenoptimalität erreicht. Tabelle 11 zeigt die Durchschnittswerte aller Protokolle bei 10, 20 und 30 CBR-Quellen unabhängig von den jeweiligen Pausenzeiten.

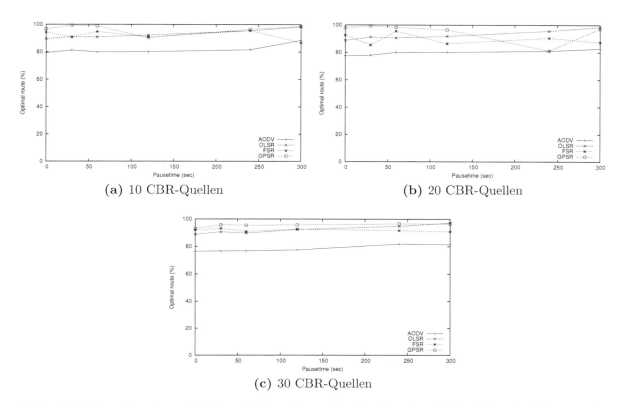

(a) 10 CBR-Quellen   (b) 20 CBR-Quellen

(c) 30 CBR-Quellen

Abb. 16: Experiment „mid". Das Finden der optimalen Route als Funktion der Pausenzeit.

CBR-Quellen	OLSR	AODV	FSR	GPSR
10	92,8	81,8	92,1	96,7
20	92,7	79,9	89,6	95,1
30	92,3	78,4	91,7	95,5

Tab. 11: Path Optimality (Experiment „mid"). Durchschnittswerte (%).

Abbildung 17 zeigt die Routenoptimalität der getesteten Protokolle als Funktion der Pausenzeit bei 200 Knoten, die sich auf einer Fläche von 3000 m × 600 m bewegen. Hier liefert GPSR mit durchschnittlich 97,7% die besten Ergebnisse. Gerade in dichten Netzen nähert sich also der Greedy-Modus von der Leistung her einem Kürzesten-Pfad-Routing an. Die Leistung von OLSR ist aufgrund der MPR-Optimierungen (vgl. Kapitel 4.1) bei hohen 92,1% angesiedelt. FSR zeigt mit rund 86% Routenoptimalität ebenfalls gute Werte. AODV zeigt, im Vergleich zu den beiden oben beschriebenen Simulationsdurchläufen in kleineren Netzen, zwar eine konstante Leistung um die 77%, findet aber auch hier wieder deutlich seltener eine optimale Route als GPSR, OLSR oder FSR. Tabelle 12 zeigt

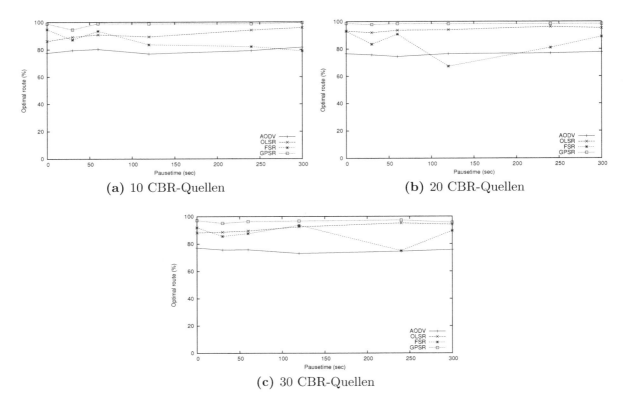

(a) 10 CBR-Quellen   **(b)** 20 CBR-Quellen

(c) 30 CBR-Quellen

Abb. 17: Experiment „large". Das Finden der optimalen Route als Funktion der Pausenzeit.

die Durchschnittswerte aller Protokolle bei 10, 20 und 30 CBR-Quellen unabhängig von den jeweiligen Pausenzeiten.

CBR-Quellen	OLSR	AODV	FSR	GPSR
10	91,0	79,2	86,7	98,3
20	94,0	76,3	84,1	98,3
30	91,4	75,4	87,2	96,4

Tab. 12: Path Optimality (Experiment „large"). Durchschnittswerte (%).

6.4 Throughput

Die Abbildungen 18, 19 und 20 illustrieren, wie viele Pakete/s durch die Routingprotokolle in verschieden großen Netzen durch das Netzwerk übertragen werden können.

Abbildung 18 zeigt den Durchsatz für ein Netz von 1500 m × 300 m Größe mit 50 Knoten bei verschiedenen Netzwerkauslastungen in Abhängigkeit von der Knotenmobilität. Im Schnitt erreicht OLSR einen Durchsatz von 76,3 Paketen/s, FSR von 37,3 Paketen/s, AODV von 31,3 Paketen/s und GPSR lediglich einen Durchsatz von rund 18,2 Paketen/s. Tabelle 13 zeigt die Durchschnittswerte aller Protokolle bei 10, 20 und 30 CBR-Quellen unabhängig von den jeweiligen Pausenzeiten.

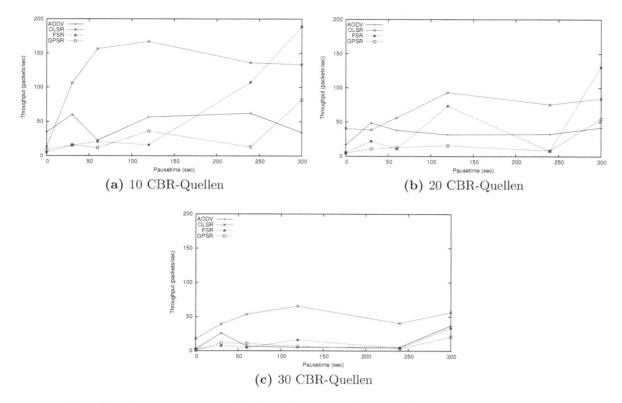

(a) 10 CBR-Quellen   **(b)** 20 CBR-Quellen

(c) 30 CBR-Quellen

Abb. 18: Experiment „small". Der Datendurchsatz als Funktion der Pausenzeit.

CBR-Quellen	OLSR	AODV	FSR	GPSR
10	118,8	45,1	58,8	27,8
20	64,9	35,0	41,7	17,9
30	45,4	13,7	11,4	8,8

Tab. 13: Throughput (Experiment „small"). Durchschnittswerte (Pakete/s).

OLSR zeigt hier generell die stärkste Leistung. AODV, FSR und GPSR erbringen vor allem mit sinkender Knotenmobilität eine steigende Leistung. Die bessere Leistung von OLSR wird durch die MPR-Optimierungen (vgl. Kapitel 4.1) erreicht, da durch effizientes Fluten Bandbreite eingespart wird und so der Durchsatz steigt.

Abbildung 19 zeigt den Durchsatz für ein 2121 m × 425 m großes Netzwerk mit 100 Knoten. Der Durchsatz ist hier bei allen Protokollen bereits deutlich gesunken. Im Durchschnitt erreichen FSR und OLSR einen Datendurchsatz von 20,2 Paketen/s, AODV von 14,6 Paketen/s und GPSR von 6,2 Paketen/s. Tabelle 14 zeigt die Durchschnittswerte aller Protokolle bei 10, 20 und 30 CBR-Quellen unabhängig von den jeweiligen Pausenzeiten.

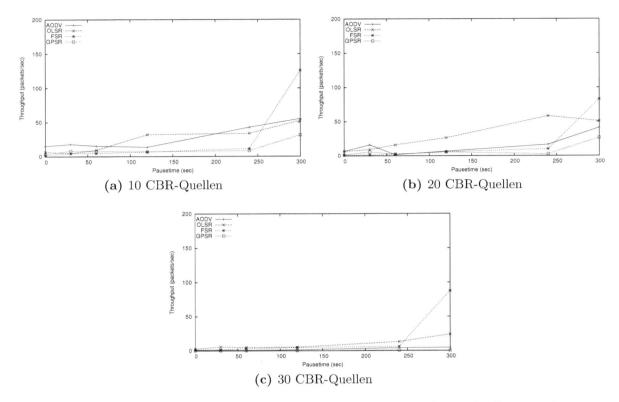

(a) 10 CBR-Quellen   **(b)** 20 CBR-Quellen

(c) 30 CBR-Quellen

Abb. 19: Experiment „mid". Der Datendurchsatz als Funktion der Pausenzeit.

CBR-Quellen	OLSR	AODV	FSR	GPSR
10	23,3	26,7	25,9	10,9
20	27,9	14,8	17,3	7,3
30	9,3	2,2	17,4	0,3

Tab. 14: Throughput (Experiment „mid"). Durchschnittswerte (Pakete/s).

Abbildung 20 zeigt den von den Protokollen erreichten Datendurchsatz für das Netzwerk mit 3000 m × 600 m und 200 Knoten. Der Durchsatz ist im Vergleich zu Experiment „mid" nochmals gesunken. Unabhängig von der Anzahl der Verkehrsquellen liefert hier FSR das beste Ergebnis (durchschnittlich 5,6 Pakete/s) gefolgt von AODV (4,7 Pakete/s), GPSR (3,2 Pakete/s) und OLSR (2,4 Pakete/s). Der Leistungsdurchschnitt von FSR wird jedoch vor allem durch hohen Durchsatz bei nicht vorhandener Mobilität (300 s Pausenzeit) erreicht. Tabelle 15 zeigt die Durchschnittswerte aller Protokolle bei 10, 20 und 30 CBR-Quellen unabhängig von den jeweiligen Pausenzeiten.

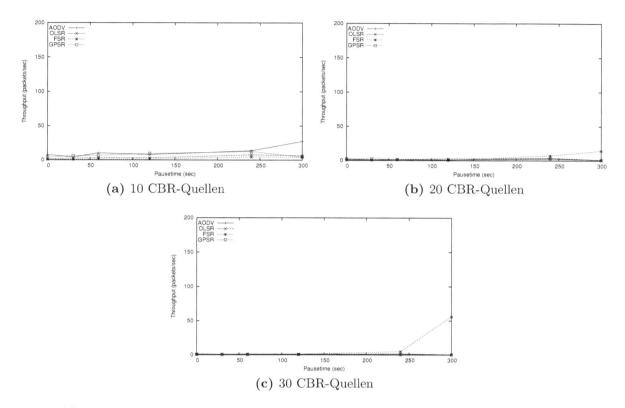

(a) 10 CBR-Quellen

(b) 20 CBR-Quellen

(c) 30 CBR-Quellen

Abb. 20: Experiment „large". Der Datendurchsatz als Funktion der Pausenzeit.

CBR-Quellen	OLSR	AODV	FSR	GPSR
10	4,1	11,9	2,2	7,3
20	2,1	1,4	4,1	1,9
30	1,1	0,8	10,6	0,4

Tab. 15: Throughput (Experiment „large"). Durchschnittswerte (Pakete/s).

7 Fazit

MANETs sind Funknetze, die aus mobilen Knoten bestehen, die ohne feste Infrastruktur auskommen müssen. Obwohl es viele denkbare Anwendungsgebiete für MANETs gibt, sind konkrete Implementierungen im Alltagsleben noch relativ rar.

Als aktuell weltweit populäres Projekt, das MANET-Technologie verwendet, sei beispielsweise das Ausbildungsprojekt „One Laptop Per Child (OLPC)" genannt, das sich zum Ziel gesetzt hat, Kindern in Schwellen- und Entwicklungsländern über speziell gefertigte Laptops E-Learning zu ermöglichen. Das von den sog. „XO-Laptops" verwendete Routingprotokoll (OLPC-Mesh) basiert bereits auf dem IEEE-802.11s-Standard, der Prozess der Routenfindung zu großen Teilen auf AODV.

Die größte Herausforderung in MANETs ist das Routingproblem, das durch die hohe Dynamik dieser Netzwerke verursacht wird. In den vergangenen Jahren wurde eine Vielzahl von Routingprotokollen für mobile Ad-Hoc-Netze entwickelt, die sich im Allgemeinen in topologiebasierte und geographische Routingprotokolle unterteilen lassen. Als weitere Differenzierung der ersten Klasse von Routingprotokollen werden in der Literatur sog. flache und hierarchische Verfahren genannt. Die flachen Routingprotokolle lassen sich in proaktive, reaktive und hybride Ansätze gliedern.

Im Rahmen dieser Arbeit wurden OLSR, AODV, ZRP, FSR, CBRP und GPSR, also Routingprotokolle aller oben erwähnten Klassen, erläutert und im Hinblick auf ihre Leistungsfähigkeit bei unterschiedlichen Bedingungen im Netzwerk-Simulator NS-2 getestet. Dazu wurden drei verschiedene Experimente mit unterschiedlichen geometrischen Ausdehnungen und unterschiedlicher Knotenanzahl durchgeführt: Experiment „small" (50 Knoten bewegen sich auf einer Fläche von 1500 m × 300 m), Experiment „mid" (100 Knoten, die sich auf einer Fläche von 2121 m × 425 m bewegen) und Experiment „large" (200 Knoten bewegen sich auf einer Fläche von 3000 m × 600 m).

Generell konnte festgestellt werden, dass jedes der getesteten Protokolle bezüglich einiger Metriken gute bis sehr gute Ergebnisse geliefert hat, bezüglich anderer Metriken wiederum schlechte.

OLSR als Vertreter des proaktiven Ansatzes liefert vor allem bei den Metriken durchschnittliche Verzögerung und Routenoptimalität sehr gute Werte. Die Paketzustellrate sinkt jedoch drastisch, sobald die Größe des Netzes und die Anzahl der teilnehmenden Knoten steigt. Beim Datendurchsatz ergibt sich kein einheitliches Bild: bei den beiden kleineren Experimenten liefert OLSR die besten Ergebnisse, bei dem Experiment „large" aufgrund des Routingoverheads die schlechteste.

AODV liefert als Vertreter des reaktiven topologiebasierten Ansatzes in den durchgeführten Experimenten nicht allzu überzeugende Ergebnisse. In Hinblick auf die Paketzustellrate kann dieses Protokoll nur im Experiment „small" überzeugen, sobald die abzudeckende Fläche größer wird und sich mehr Knoten darauf bewegen, nimmt die Leistung stark ab. Bei der durchschnittlichen Ende-zu-Ende-Verzögerung schneidet das Protokoll aufgrund des nachfragebasierten Routenfindens erwartungsgemäß schlechter ab, die gefundenen Routen sind im Schnitt um die 20% länger als nötig. Der Datendurchsatz ist im Vergleich mit den anderen getesteten Protokollen im Durchschnitt anzusiedeln.

Das implizit hierarchische FSR-Protokoll kann vor allem bei den Metriken Datendurchsatz und durchschnittliche Verzögerung punkten. FSR findet außerdem vorwiegend bei den Experimenten „small" und „mid" Routen, die nahe am Optimum sind, im Experiment „large" ist die Leistung bezüglich dieser Metrik etwas schwächer. Die Paketzustellrate ist bei FSR generell überraschend niedrig (möglicherweise aufgrund der NS-2-Implementierung).

GPSR liefert in allen Experimenten sehr gute Paketzustellraten, da es als geographisches Routingprotokoll im Gegensatz zu den topologiebasierten Routingprotokollen die Zustellung eines Paketes garantieren kann, sobald ein Pfad zwischen Quelle und Ziel besteht. Weiters liefert GPSR im Greedy-Modus nahezu optimale Routen, da der Greedy-Modus sich einem Kürzesten-Pfad-Routing annähert. Bezüglich der durchschnittlichen Ende-zu-Ende-Verzögerung und des Durchsatzes kann GPSR generell keine überzeugenden Leistungen erbringen. Dies ist hauptsächlich auf die Verwendung des Perimeter-Modus zurückzuführen.

Betrachtet man nur die Durchschnitts-Ergebnisse des Experiments „large" als Maßzahl für ein bereits größeres und stärker belastetes Netz, so kann man feststellen, dass die getesteten Routingprotokolle im Vergleich zu den schwächer dimensionierten Netzen (also Netzen mit kleinerer geometrischer Ausdehnung sowie weniger Knoten) deutlich an Leistung einbüßen.

Bezüglich der Paketzustellrate (vgl. Abbildung 11) erfahren alle getesteten Protokolle einen drastischen Leistungseinbruch, einzig GPSR erreicht hier noch sehr gute Werte. Besonders schlecht schneidet bei dieser Metrik FSR ab.

Allgemein gute Werte kann man den getesteten Protokollen in Bezug auf die durchschnittliche Ende-zu-Ende-Verzögerung in dem großen Szenario attestieren (vgl. Abbildung 14). Die besten Werte erreicht hier das FSR, am schlechtesten schneidet GPSR ab.

Gleiches trifft auf das Finden der optimalen Route zu (vgl. Abbildung 15), die meisten Protokolle liefern hier im Großen und Ganzen sehr gute Ergebnisse. GPSR schneidet bezüglich dieser Metrik am besten ab, das reaktive AODV-Protokoll am schlechtesten.

In Bezug auf die letzte für diese Experimente herangezogene Metrik liefern die getesteten Protokolle bezüglich des Durchsatzes bei 200 Knoten wieder ein generell schwaches Bild (vgl. Abbildung 20). Die besten Werte liefert noch FSR, OLSR bildet hier das Schlußlicht.

Bei allen Versuchsdurchgängen fällt auf, dass die meisten Protokolle in Szenarien mit weniger Verkehrsquellen und niedriger Mobilität bessere Ergebnisse liefern. Das und der Fakt, dass die meisten Protokolle bezüglich der Metriken Zustellrate und Durchsatz umso weniger Leistung bringen, je größer die abzudeckende Fläche und je höher die Anzahl der Knoten wird, zeigt, dass die getesteten Protokolle in den im Rahmen dieser Arbeit präsentierten Szenarien nicht sonderlich gut skalieren.

Abbildungsverzeichnis

Tabellenverzeichnis

Abkürzungsverzeichnis

AODV .... Ad Hoc On-Demand Distance Vector
AS .... Autonomous System
BRP .... Bordercast Resolution Protocol
CAT .... Cluster Adjacency Table
CBR .... Constant Bit Rate
CBRP .... Cluster Based Routing Protocol
DVR .... Distance Vector Routing
FSR .... Fisheye State Routing
GPS .... Global Positioning System
GPSR .... Greedy Perimeter Stateless Routing
IARP .... Intrazone Routing Protocol
IEEE .... Institute of Electrical and Electronics Engineers
IERP .... Interzone Routing Protocol
IETF .... Internet Engineering Task Force
LSP .... Link State Packet
LSR .... Link State Routing
MAC .... Media Access Control
MANET .... Mobile Ad Hoc Network
MPR .... Multi Point Relay
NDP .... Neighbor Discovery Protocol
OLSR .... Optimized Link State Routing
PAN .... Personal Area Networks
RERR .... Route Error
RFC .... Request for Comments
RREP .... Route Reply
RREQ .... Route Request
SPF .... Shortest Path First
TC .... Topology Control
VANET .... Vehicular Ad Hoc Network
ZRP .... Zone Routing Protocol

Literaturverzeichnis

Broch, J., Maltz, D. A., Johnson, D. B., Hu, Y.-C. & Jetcheva, J. (1998), A performance comparison of multi-hop wireless ad hoc network routing protocols, *in* 'MobiCom '98: Proceedings of the 4th annual ACM/IEEE international conference on Mobile computing and networking', ACM Press, pp. 85–97.

Clausen, T. & Jacquet, P. (2003), 'Optimized link state routing protocol (OLSR)', RFC 3626 (Experimental). Network Working Group.
URL: *http://ietf.org/rfc/rfc3626.txt*

Corson, M. S. & Macker, J. P. (1999), 'Mobile Ad hoc Networking (MANET): Routing Protocol Performance Issues and Evaluation Considerations', RFC 2501 (Informational).
URL: *http://www.ietf.org/rfc/rfc2501.txt*

Das, S. M., Pucha, H. & Hu, Y. C. (2005), Performance comparison of scalable location services for geographic ad hoc routing., *in* 'INFOCOM', IEEE, pp. 1228–1239.

Fall, K. (2000), 'The ns manual'.
URL: *http://www.isi.edu/nsnam/ns/ns-documentation.html*

Haas, Z. J., Pearlman, M. R. & Samar, P. (2002), The zone routing protocol (zrp) for ad hoc networks, Internet-draft, IETF MANET Working Group. Expiration: January, 2003.
URL: *http://www.ietf.org/proceedings/02nov/I-D/draft-ietf-manet-zone-zrp-04.txt*

Hong, X., Xu, K. & Gerla, M. (2002), 'Scalable routing protocols for mobile ad hoc networks', *IEEE Network* **16**(4), 11–21.

Jiang, M., Li, J. & Tay, Y. (1999), Cluster based routing protocol (cbrp), Internet-draft, IETF MANET Working Group. Expiration: February, 2000.
URL: *http://www.tools.ietf.org/html/draft-ietf-manet-cbrp-spec-01*

Karp, B. & Kung, H. T. (2000), Gpsr: greedy perimeter stateless routing for wireless networks, *in* 'MobiCom '00: Proceedings of the 6th annual international conference on Mobile computing and networking', ACM, New York, NY, USA, pp. 243–254.

Kieß, W., Füßler, H., Widmer, J. & Mauve, M. (2004), 'Hierarchical location service for mobile ad-hoc networks', *SIGMOBILE Mob. Comput. Commun. Rev.* **8**(4), 47–58.

Naumov, V. & Gross, T. (2005), 'Scalability of routing methods in ad hoc networks', *Perform. Eval.* **62**(1-4), 193–209.

Perkins, C. E. (2001), *Ad Hoc Networking*, Addison-Wesley Professional.

Perkins, C. E., Belding-Royer, E. M. & Das, S. R. (2003), 'Ad hoc On-Demand Distance Vector (AODV) Routing', RFC 3561 (Experimental).
URL: *http://www.ietf.org/rfc/rfc3561.txt*

Royer, E. & Toh, C.-K. (1999), 'A review of current routing protocols for ad hoc mobile wireless networks', *Personal Communications, IEEE [see also IEEE Wireless Communications]* **6**(2), 46–55.

Tanenbaum, A. S. (2003), *Computer networks*, Prentice-Hall, Inc., Upper Saddle River, NJ, USA.

www.ingramcontent.com/pod-product-compliance
Lightning Source LLC
LaVergne TN
LVHW082348060326
832902LV00017B/2729